O indivíduo,
a sociedade
e o Estado

edição brasileira©   Hedra 2023
tradução, introdução e notas©   Mariana Lins

primeira edição   *O indivíduo, a sociedade e o Estado* (Hedra, 2007)

edição   Jorge Sallum
coedição   Suzana Salama e Rogério Duarte
editor assistente   Paulo Henrique Pompermaier
revisão   Rogério Duarte
capa   Lucas Kroëff

ISBN   978-85-7715-806-5

Dados Internacionais de Catalogação na Publicação (CIP)
(Câmara Brasileira do Livro: SP, Brasil)
_____

Goldman, Emma, 1869–1940

O indivíduo, a sociedade e o Estado. Emma Goldman; tradução, introdução e
notas Mariana Lins. 2. ed. São Paulo, SP: Editora Hedra, 2023.

ISBN 978-85-7715-806-5

1. Anarquismo 2. Anarquistas: Livros e leitura 3. Antologia 4. Estado
5. Sociedade
I. Lins, Mariana. II. Título.

23–170053   CDD: 320.57
_____

Elaborado por Eliane de Freitas Leite (CRB–8/ 8415)

Índices para catálogo sistemático:
1. Anarquismo: Ciência política (320.57)

*Grafia atualizada segundo o Acordo Ortográfico da Língua
Portuguesa de 1990, em vigor no Brasil desde 2009.*

EDITORA HEDRA LTDA.
Av. São Luís, 187, Piso 3, Loja 8 (Galeria Metrópole)
01046–912 São Paulo SP Brasil
Telefone/Fax +55 11 3097 8304
editora@hedra.com.br

www.hedra.com.br
Foi feito o depósito legal.

O indivíduo, a sociedade e o Estado

Emma Goldman

Mariana Lins (*tradução, introdução e notas*)

2ª edição

São Paulo   2023

Sumário

Introdução

Emma Goldman, uma mulher entre duas pré-potências nucleares

MARIANA LINS

> É certo que precisamos da história, mas de maneira diferente do que o ocioso mimado no jardim do saber.[1]
> FRIEDRICH NIEZTSCHE

Talvez não tenha sido por excesso de emotividade que Emma Goldman foi considerada pelo primeiro diretor do FBI como *a mulher mais perigosa da América*. Muito além de proposições excêntricas, porque utópicas e radicais, sobre quais deveriam ser os parâmetros e valores da sociedade ideal de um futuro anarquista, Goldman desenvolveu um método de denúncia dos problemas mais urgentes da sua época. E os argumentos — compostos de eventos históricos, estatísticas, dados econômicos, relatos e leis — são palpáveis a qualquer indivíduo encarnado no mundo, além de apresentados (o que é uma marca característica sua) de forma surpreendentemente simples, direta e precisa.

---

1. Friedrich Nietzsche em *Sobre a utilidade e a desvantagem da história para a vida*. Tradução de André Itaparica. São Paulo: Hedra, 2017, p. 30.

Ao refletir sobre os textos que compõem a presente coletânea é interessante iniciar atentando para o que poderia ser designado como o seu *gênero*. Pois embora sejam textos, abertamente e sem nenhum constrangimento, em maior ou menor medida, panfletários e militantes, eles não se reduzem em absoluto ao *panfleto*. Muito menos ao *gênero* panfleto-terrorista-utópico, como o ideário do senso comum, sem qualquer conhecimento de causa, parece encerrar os escritos e inclusive a história do movimento anarquista. Numa tentativa de definição provisória, os textos aqui dispostos podem ser compreendidos como composições, peças de denúncia cujos fundamentos são compostos em grande parte por argumentos de tipo histórico. Polidos, modulados e inflamados pela parrésia que caracterizou invariavelmente o discurso de Goldman, como tão bem observou Kathy E. Ferguson.

Segundo Ferguson, "os confrontos de Goldman com as autoridades" podem ser compreendidos como "uma espécie de parrésia anarquista", isto é, como "uma prática implacável de dizer a verdade", como uma forma de comunicação desafiadora, como um "discurso destemido" que, justamente por ser assim, não poderia levar em conta "a própria segurança", colocando acima dela e de tudo o mais "o *belo ideal* anarquista". Ou ainda, numa definição mais precisa em que Ferguson se vale de Foucault: a parrésia, da qual Goldman foi um caso exemplar, é "uma atividade verbal na qual um falante expressa a sua relação pessoal com a verdade e arrisca a sua própria vida porque reconhece dizer a verdade como um dever de ajudar e melhorar a outras pessoas (e também a si mesmo)".[2]

Mas essa coragem de Goldman para o livre discurso, para a franqueza extrema e direta a ponto de fazer sentido colocar em risco a própria vida — ao menos nos textos aqui presentes (possivelmente de modo menos incisivo no último) como conteúdo estratégico ou como fundamento —, se materializa em

2. Kathy E. Ferguson. "Discourses of Danger: Locating Emma Goldman". *Political Theory*, vol. 36, n. 5, pp. 735–761, outubro, 2008.

argumentos que têm, como premissas para as suas conclusões gerais, evidências históricas e relatos em primeira pessoa de eventos centrais ao seu tempo, em larga profusão.

Não é mero detalhe, mas antes uma estratégia argumentativa e informativa extremamente poderosa, que as *conclusões gerais* oferecidas por Goldman. Exemplos? Para concluir que a preparação militar é o caminho para o massacre universal, conforme formula já no título do segundo texto aqui apresentado, ela oferece uma série de estatísticas que demonstram o aumento exponencial dos gastos militares em países como EUA, Grã-Bretanha, França, Rússia, Alemanha e Japão do final do século XIX até a primeira década do XX. Traz à tona a denúncia de Karl Liebknecht da "influência sinistra", um truste internacional, exercida pela família Krupp, os então magnatas prussianos da indústria das armas, no processo de militarização da Alemanha e mesmo em outros países europeus no período imediatamente anterior à Primeira Grande Guerra.

Explica-nos didaticamente um dos nossos principais problemas (se não o principal), e que ainda muito pouco discutimos de forma direta e destemida, o do *lobby* das armas. Alude a como a participação dos EUA na Guerra Hispano-Americana favoreceu, exclusivamente, os capitalistas estadunidenses. Cita declarações de importantes expoentes do alto generalato dos EUA sobre os fins automatizadores da educação de um jovem soldado, que precisa ser "comandado pelos seus superiores com uma pistola na mão".[3]

Relembra-nos que a classe dos soldados é composta de indivíduos oriundos das classes menos privilegiadas (como também é o caso da *classe* dos criminosos, que os soldados combatem internamente). Coloca luz sobre o fato de que o apoio dos EUA aos aliados, mesmo antes da sua entrada na Primeira Guerra, em vez de garantir as liberdades democráticas, estava trazendo lucros estratosféricos para uma pequena minoria com os empréstimos de guerra e o fortalecimento das indústrias das armas no

3. "Preparação militar, o caminho para o massacre universal", p. 89.

solo americano, e para a maioria, a matança generalizada dos cidadãos do sexo masculino em idade produtiva.

Para concluir que o comunismo não havia sido sequer ensaiado na Rússia dos bolcheviques, ela traz à tona as trinta e três categorias de salários criadas pela vanguarda do proletariado — categorias que envolviam diferentes qualidades e quantidades de rações, habitações, roupas quentes, sapatos e privilégios (como o de ir e vir no interior do próprio país). Faz-nos saber sobre a heterogênea e numerosa classe dos *lishentsi*, desprovida de absolutamente todos os direitos ou ainda que, logo após a Revolução de Outubro, o então hotel mais luxuoso da Rússia, o Astoria, tornou-se a primeira casa soviete de Petrogrado, naturalmente exclusiva aos membros da mais alta hierarquia do Partido.

Traz detalhes da aniquilação sistemática pelas mãos do Estado bolchevique, ainda no início, de todos os grupos e partidos que os ajudaram a ascender ao poder e do desmonte sistemático do que postula como os três pilares da revolução, a saber: os sovietes, as cooperativas e os sindicatos. Discute a política de expropriação da época do comunismo de guerra (a *razverstka*), a Nova Política Econômica de Lênin e o Primeiro Plano Quinquenal de Stálin e apresenta evidência suficiente da ligação entre as políticas econômicas leninistas e stalinistas e as duas grandes fomes que assolaram a Rússia, ceifando milhões de vidas entre as décadas de 1920 e 1930. Assim como o que significou nas mãos dos bolcheviques a diferença até então teórica entre nacionalização dos meios de produção e distribuição, e a sua socialização.

Nos textos da presente coletânea tem-se a evidência clara como a luz do dia de que Goldman não padeceu do problema que diagnosticou nos intelectuais do seu tempo: a ignorância ou indiferença ante os assuntos mais urgentes e elementares tanto em nível local, quanto global.[4] Como é o caso ainda hoje, esse tipo de deficiência, quando generalizada no "proletariado intelectual", em grande parte os formadores da opinião pública,

4. "Patriotismo: uma ameaça à liberdade", p. 63.

torna, dentre outros aspectos, lugar-comum que, nas nações ditas democráticas, sejam aprovadas leis e decretos importantes e repressivos sem que haja repercussões e clamores públicos que estejam à altura do estado de calamidade social legalizado.

A força subversiva da sua denúncia está, assim, concentrada não na invalidação moral de certos atores políticos ou econômicos, como tampouco na antevisão de um futuro libertário com a qual, volta e meia, nos presenteia adornada de profundo lirismo. A *subversão* ou *contravenção* do seu discurso diz respeito mais especificamente ao modo como ela expõe, encadeia e informa sobre os fatores materiais, legais, sociais e econômicos elementares. É essa estratégia de argumentação histórica (e, em grande medida, jornalística), apimentada com a parrésia, que aqui se reivindica como importante de aprendermos com ela. Até porque não parece um exagero suspeitar que uma das principais estratégias no nosso cenário político atual tenha se tornado a de invalidar moralmente os opositores. Uma invalidação moral que, a depender da variação na bolsa dos valores morais da nossa sociedade multicultural, pode ir, conforme fomos recentemente testemunhas, do diagnóstico psiquiátrico de psicopatia ao epíteto de encarnação de diabo em pessoa.

Dito de outro modo: é como se a obra e a vida (indissociável da militância) de Emma Goldman trouxessem a nós, ao que nos restou de *esquerda*, a autocompreensão de que a defesa de valores elevados e nobilíssimos sem a devida fundamentação histórica (passada e presente) está, por assim dizer, mais para religião. Não é com juízos de valor ou jargões que Goldman desmascara, nas linhas que seguem, o *comunismo* de Lênin, Stálin e Trótski ou que denuncia o patriotismo como a ideologia que, por meio do militarismo, estava conduzindo as massas à matança universal. No contexto de guerra cultural (e militar) no qual a nossa esquerda nacional (e não só ela) se viu recentemente enredada pela chamada *nova direita radical*, não parece ser mau negócio aprendermos com a *mulher mais perigosa da América*, também conhecida entre os liberais do seu tempo como a *Suma sacerdotisa do anarquismo*, a voltar a nossa concentração de modo especial para o que há de mais ordinariamente básico na vida em sociedade: as circunstâncias concretas e materiais que são, por sua vez, reguladas e regularizadas pelas chamadas *instituições em funcionamento*.

Esse encontro da história com o jornalismo informativo e investigativo, o panfleto, o relato, a militância, a economia e o pensamento político é, sem sombra de dúvida, para além do conteúdo mesmo dos seus escritos, uma das estratégias subversivas (inclusive de gênero textual) mais interessantes de observarmos e aprendermos com ela.

REVOLUÇÃO COMO TRANSVALORAÇÃO

É verdade que num sentido aparentemente contraditório ao que está se levantando aqui, Goldman definiu a revolução como o processo de transvaloração de todos os valores sociais e humanos; e compreendeu os valores como a própria substância das instituições sociais.[5] Uma apropriação peculiar e bastante sua do grande fim da filosofia tardia de Nietzsche, a transvaloração de todos os valores, que, embora possa ser acusada de excessivamente utópica (até porque ela inclusive ignora a impiedosa crítica do filósofo alemão aos valores anarquistas),[6] não é o mate-

5. Vide, nesse sentido, o texto "Minha nova desilusão com a Rússia", seção III (p. 107) e seção IV (p. 116).
6. Na obra *Genealogia da moral* (1887), por exemplo, Nietzsche sugere que o advento da democracia moderna e do "ainda mais moderno anarquismo" seriam indicativos "de um gigantesco atavismo"; possivelmente uma prova de que "a raça submetida terminou por reaver preponderância", não só "na cor, na forma curta do crânio", como inclusive "nos instintos sociais e intelectuais" — e que, portanto, em contrapartida, "a raça de conquistadores e senhores, a dos arianos" estaria "sucumbindo também fisiologicamente" na modernidade. Segundo aventa o filósofo, a "inclinação pela *commune*", "comum" no seu tempo, "a todos os socialistas da Europa", era, na verdade, uma espécie de retorno à "mais primitiva forma social". Longe de lhe parecer ideal, tal "inclinação pela *commune*" é diagnosticada como um dos sintomas do processo de decadência da cultura ocidental (Nietzsche. *Genealogia da moral: uma polêmica*. Trad. Paulo César de Souza. São Paulo: Companhia das Letras, 1998.)

rial com o qual ela constrói os seus argumentos históricos. Essa sua expectativa revolucionária e libertária de transvaloração de todos os valores sociais e humanos de fato é o horizonte para onde se dirige ao mesmo tempo que a impulsiona; mas não é o solo sobre o qual se fundamenta discursivamente e aporta os dois pés que fazem girar a sua atividade política.

Nunca será excessivo repetir que a vida e obra de Emma Goldman, um verdadeiro ícone da adequação entre teoria e prática, em nada se acomodam à visão do senso comum sobre a figura do anarquista como o militante alienado nos cumes bobos do mundo dos sonhos: estereótipo que vigora ainda hoje, mesmo entre os mais esclarecidos de nós. Pois, a despeito da sua utopia — ou justamente por causa dela —, ela estava bem consciente de que, conforme postulou Nietzsche, se os fatos colocados lado a lado são uma questão de interpretação (dada a seleção mesma dos fatos e a escolha por um determinado encadeamento, em vez de outro).[7] Os fatos em si mesmos, sobretudo os sociais, econômicos e trabalhistas, e, portanto, de classe (que, como sabemos hoje, passam também pela questão da raça e do gênero), não são tanto uma questão de interpretação, quanto de alienação e dominação.

O seu "belo ideal" anarquista está assim metodologicamente fundamentado sobre um conhecimento que exige o ofício transdisciplinar de historiadora, jornalista e cientista política. Isso de um lado. Pois de outro, por ser esse ideal parido diretamente das entranhas da sua verve revolucionária, ele é indissociável da militância política, exigindo assim a habilidade mais rara, porque possivelmente ainda mais custosa que a do conhecimento: a coragem de se levar ao extremo e, ao mesmo tempo, buscar incitar as massas a realizar a história. É inegável que militar politicamente, de modo coerente, pela causa da anarquia (o que em Goldman significou militar em diversas ligas e frentes) implica integrar-se

7. Conforme postulou o filósofo numa das suas mais conhecidas anotações: "Não há fatos, apenas interpretações"

inexoravelmente e sem perspectiva de glória ao batalhão dos vencidos. Um verdadeiro gênio da sagacidade, ela obviamente sabia disso. Do ponto de vista político, os anarquistas são os maiores perdedores da história.

Conforme tão bem observou Candace Falk, Goldman reivindicava para si "a tradição dos visionários incompreendidos e perseguidos", consciente da condição de mártir que o compromisso com a sua causa lhe imputava: aceitou-a sem reservas e prestou-lhe os mais altos tributos.[8] Vide, nesse sentido a sua declaração no panfleto intitulado "No que acredito" ["What I belive"] de 1908:

a história do progresso é escrita com o sangue dos homens e mulheres que ousaram se comprometer com causas impopulares, como, por exemplo, o direito do homem negro ao seu corpo, ou o direito da mulher à sua alma. Se, então, desde tempos imemoriais, o Novo se deparou com a oposição e a condenação, por que as minhas crenças estariam isentas da coroa de espinhos?

Como é possível vislumbrar no excerto acima — e invariavelmente em todos os seus textos —, Goldman, que em nada era uma niilista, compartilhava de certa compreensão filosófica da história que é a matriz comum de todos os utópicos modernos e pós-modernos: sejam liberais, socialistas, anarquistas ou, conforme hoje está em voga, democratas. Num sentido amplo, sua argumentação histórica modulada pela parrésia anarquista está subsumida a uma compreensão filosófica da história, ainda que esta não esteja necessariamente explicitada. Se o fim último da sua teoria e prática é realizar a história junto às massas, ou, ao menos, aproximar-se dessa realização, isso implica pressupor aí uma compreensão universal referente à história ou, mais propriamente, ao sentido da história entendido como progresso, como movimento racional (embora não por isso pouco violento) de

8. Candace Falk. "Introduction". In: GOLDMAN, Emma. *Emma Goldman: a documentary history of the American years. Vol. 2: Making Speech Free, 1902–1909*. Candace Falk (ed.). Champaign: University of Illinois Press, 2008, p. 78.

INTRODUÇÃO

superação da contradição social e econômica que, num futuro ideal, haveria de culminar como garantia de autonomia e liberdade para todos os seres humanos no plano individual e coletivo. Ou, segundo a sua terminologia, a história como o processo que culmina com a vitória do princípio libertário sobre o autoritário, donde decorre a associação direta entre progresso e princípio libertário, como se confirma no excerto abaixo:

Afinal, o que é progresso senão uma aceitação cada vez maior dos princípios da liberdade em detrimento dos da coerção? [...] É uma verdade que, ao longo de todo o progresso, apenas o espírito e o método libertários fizeram com que os seres humanos avançassem na eterna busca por uma vida melhor, mais elevada e livre. [...] Até hoje a engenhosidade humana não descobriu nenhum outro princípio, exceto o libertário.[9]

É inquestionável que Goldman compartilhava da concepção — de origem iluminista, idealista e, portanto, moderna — da história como a longa marcha do progresso. Contudo, sendo a sua perspectiva radical, libertária e anarquista, a história do progresso não é compreendida por ela sob a lente liberal-utópica, isto é, como uma evolução contínua de reformas político-econômicas e da racionalidade coletiva até o ponto de se chegar, quase que passivamente, à sociedade ideal; e tampouco sob a perspectiva socialista-pretensamente-realista que preconizou uma espécie de vanguarda ditatorial de proletários como a única *classe* capaz de implementar o progresso dos altos cumes dialéticos onde se encerraria essa entidade, o Estado. Conforme ela fez questão de enfatizar, do modo mais direto possível, e repetidas vezes: a principal lição ensinada pelos bolcheviques foi a de que não só a ideia de socialismo de Estado, mas a ideia de Estado independentemente da forma (reformista ou etapista, forte ou mínima) é irremediavelmente reacionária e, portanto, contrarrevolucionária, já que expressão do princípio autoritário.

9. "Minha nova desilusão com a Rússia", p. 108

Nesses termos mais abstratos, Goldman apresenta-nos o período revolucionário da Rússia como o palco em que foi encenada historicamente a luta centenária entre o princípio libertário e o autoritário,[10] e o fracasso da revolução como o sufocamento das aspirações libertárias das massas pelo espírito autoritário encarnado nos princípios do Estado *comunista*. A sua desilusão, que fique claro, nunca foi com a Revolução Russa, mas, segundo as suas próprias palavras, "com os métodos pseudorrevolucionários do Estado comunista".

Nesse sentido mais geral, não foram exatamente os bolcheviques, mas a própria ideia de Estado quem, segundo ela, assassinou a Revolução Russa. É necessário não só levarmos esse ensinamento em consideração, mas sobretudo aprendermos com ele:

10. Dentre os textos da presente coletânea, Goldman desenvolve essa terminologia mais precisamente em "Minha nova desilusão com a Rússia" (p. 97), em especial, nas seções III (p. 107) e IV (p. 116). Observe-se que essa concepção mais universal e especulativa acerca do significado da história — sintetizada justamente como a luta do princípio libertário contra o autoritário — se dá precisamente nas últimas páginas de todo um livro, ou seja, após ela oferecer uma série de premissas factuais particulares para fundamentar a sua denúncia à farsa de que a autocracia bolchevique, com o seu terrorismo de Estado, seria uma etapa necessária à implementação do comunismo. Somente então é que ela chega às considerações filosóficas analisadas aqui.
Com essa estratégia argumentativa (dos fatos particulares para a compreensão universal), Goldman consegue angariar para os seus escritos, ao mesmo tempo, as potencialidades subversivas e utópicas. E não *exclusivamente utópicas*, como, via de regra, se encontra hoje nas aspirações textuais e discursivas dos nossos intelectuais (e pseudo-intelectuais) de esquerda mais presos a abstrações valorativas especulativas, enquanto ignoram a esmagadora maioria de fatos e dados (ou, se não ignoram, pouco se esforçam por efetivamente organizá-los num todo acessível e informá-los à população). Nem *exclusivamente subversivas*, como quando acontece de segredos governamentais serem divulgados anonimamente para a população, sem explicações, esclarecimentos ou reflexões consistentes que permitam traçar um plano de ação ou de reação coletivas.
Talvez seja pertinente supor que a falta de clamor público internacional quanto à situação de Julian Assange, por exemplo, tenha se devido não tanto à indiferença, mas sobretudo à falta de um bom contingente de intérpretes dispostos a *traduzir* e divulgar a complexidade da sua situação numa linguagem adequada ao esclarecimento e comoção das massas.

"A ideia de Estado matou a Revolução Russa e levará ao mesmo resultado qualquer outra revolução, a menos que a ideia libertária prevaleça". Independentemente do partido que assumisse o poder, desde que dotado da ideia governamentalista, o assassinato da revolução seria igualmente um resultado inexorável.[11]

É característico do Estado, segundo a síntese que formula, concentrar, restringir, monopolizar todas as atividades sociais, enquanto a tendência da revolução, fluente e dinâmica, é crescer, expandir e disseminar. Isso significa que, nos seus métodos e fins, a revolução é totalmente incompatível com o Estado e, por conseguinte, incompatível não só com o bolchevismo, como também com o marxismo: "O bolchevismo, o marxismo e o governamentalismo não são fatais apenas para a revolução, mas também para todo progresso vital da humanidade", postula sem meios-termos.[12]

Inclusive, mesmo anos depois, com a ascensão do nazismo e do fascismo italiano, no contexto da Segunda Grande Guerra, em que a questão do Estado se tornou, segundo ela, "o assunto de maior interesse para todo ser humano que pensa", manteve esse seu posicionamento integralmente contra o Estado. Em face do que diagnosticou como o *declínio* do parlamentarismo e da democracia, que então tornava aos olhos de muitos o fascismo a única salvação, ela não compreendeu, como terapêutica "para curar os males da democracia", que deveria haver "mais democracia"; ou seja, negou justamente a terapêutica que nós de tendência libertária estávamos, até outro dia, a bradar fervorosamente como a única salvação para essa nossa decadência revisitada.[13] Porque o Estado não passa de uma abstração, de um simples termo "uti-

---

11. "Minha nova desilusão com a Rússia", p. 97.
12. *Ibidem*, p. 117.
13. De outro lado, que, neste nosso avançado da hora, sob a propaganda massiva do tal "mundo multipolar", o ideal da democracia esteja sendo escarnecido pelo enaltecimento de governos claramente autocratas e militaristas, seria, sem dúvida, visto por ela como mais uma derrota, algo requentada, do princípio libertário. Até porque o que devemos em primeiro lugar aprender com os anarquistas é que nenhuma revolução jamais virá de cima. Seja num mundo

lizado para designar o maquinário legislativo e administrativo através do qual certos interesses do povo são negociados, e negociados muito mal", não pode possuir "uma consciência maior ou um propósito moral mais elevado do que empresas comerciais de mineração de carvão e de gerenciamento de ferrovias".

Conforme é apresentado nos textos a seguir, e não só num linguajar abstrato (vale repetir), o comercialismo é, no frigir dos ovos, a *anima* mais própria dessa entidade, o Estado moderno. E é composto com o mesmo tipo de *material*, com a mesma substância que os deuses e demônios: a manipulação do medo, da superstição e ignorância dos indivíduos. E eis que essa *"raison d'être* fundamental de todo governo, para a qual os historiadores do passado fecharam deliberadamente os olhos" havia, segundo ela, se tornado "tão absurdamente óbvia neste nosso presente, que sequer os professores podem ignorá-la". Mesmo que as chamadas democracias liberais estejam legalmente justificadas pelo consentimento dos governados, esse consentimento, "inoculado doutrinariamente através da *educação*", é decorrente da "crença na autoridade" e, portanto, uma expressão, ainda que mais *soft*, do princípio autoritário.[14]

Daí também a sua insistência de que os fins e meios de e para uma revolução não são propriedades exclusivas dos socialistas. Em realidade, na medida em que os socialistas veem na revolução um simples meio de alcançar o poder estatal, os interesses da revolução estão, sob essa perspectiva, inexoravelmente subordinados às razões de Estado, o que é indicativo de que a ideia de revolução socialista é, paradoxalmente, contrarrevolucionária e reacionária. Para Goldman, inclusive, a maior de todas as falácias pregadas pelos bolcheviques foi a de que os objetivos e propósitos podem ser separados dos métodos e táticas.

uni, bi, tri ou multipolar, os representantes e detentores do poder por definição não fazem revolução; ao contrário, a revolução é feita quando o povo sapateia sobre os seus cadáveres — físicos e simbólicos.
14. "O indivíduo, a sociedade e o Estado", p. 187.

O fim último do Partido Comunista sempre foi o fortalecimento do seu poder e, portanto, o monopólio de todas as atividades econômicas, sociais e culturais (uma ânsia expansionista da influência e do prestígio que seria justamente decorrente dos interesses capitalistas subjacentes a todo Estado);[15] e daí que os seus métodos e meios não pudessem jamais prescindir da coerção, violência sistemática, opressão e terrorismo.

Os bolcheviques, com o seu marxismo fanático, simplesmente levaram o caráter do estatismo ao seu extremo. Que tenham sido bem-sucedidos ao justificar a violência tornada costume como consequência das "razões de Estado" que guardariam os reais "interesses da revolução", deve-se, em grande medida, à legião de "devotos" tementes "à imaculada concepção do Estado comunista" que conseguiram angariar pelo globo terrestre. De todo modo, segundo o testemunho de Goldman, essa não era uma devoção compartilhada pela "maior parte das lideranças comunistas" e "em especial, Lênin". Deveras, Goldman, que não apenas leu, como conheceu Lênin, estava bastante ciente das qualidades extraordinárias desse grande líder. Trata-se do caso, justamente, da sua "clareza de visão" e "vontade de ferro", que foram capazes de "fazer os camaradas da Rússia e de fora dela acreditarem que o seu esquema consistia no verdadeiro socialismo e os seus métodos, na verdadeira revolução", quando a única "divindade de Lênin" era pura e simplesmente o "Estado político centralizado", em vez de algum Estado comunista (nada mais do que um nome fantasia).[16] Sob a perspectiva apresentada por Goldman, o termo

---

15. Vide, nesse sentido, a seguinte passagem de "O indivíduo, a sociedade e o Estado", p. 190: "A psicologia de um governo exige que a sua influência e prestígio aumentem constantemente, tanto em casa quanto no exterior, e daí que tire partido de cada uma das oportunidades que possa colaborar com esse fim. Os interesses financeiros e comerciais que estão por trás de um governo, interesses que o governo representa e serve, motivam essa tendência do aumento contínuo da sua influência e prestígio".
16. "Minha nova desilusão com a Rússia", p. 97.

"Estado comunista" é uma flagrante *contradictio in adjecto*, além de historicamente inexistente.

Conforme postula no texto "Não há comunismo na Rússia", na medida em que o comunismo, no sentido geral, tem por ideal a igualdade e fraternidade humanas, uma comunidade sem classes e solidária, solo para a liberdade, paz e bem-estar dos seus indivíduos, é "prova de imbecilidade" dizer que o que houve na Rússia tenha sido efetivamente comunismo. No plano econômico, a tática aplicada pelos bolcheviques para dar ao capitalismo de Estado a capa sagrada do comunismo foi transformar a socialização da terra e dos meios de produção e distribuição em nacionalização. Mas como, na vida real, *nação* (assim como "Estado") é um termo muito abstrato para se referir a alguma coisa, e toda propriedade pertence a um indivíduo ou grupo de indivíduos, quando nacionalizada, a propriedade passa a pertencer ao governo e assim, no seu sentido mais concreto, ao grupo de indivíduos e personalidades que governa.

Os demais indivíduos, a maioria governada, continuam sem acesso à propriedade e nem podem dispor dela sem a autorização dos que governam — por sua vez, armados até os dentes com os maquinários burocráticos, policiais e militares (aos quais justamente se chama Estado) de modo a se precaver de qualquer violação à sua propriedade. O resultado de um tal *comunismo* — que é ao mesmo tempo capitalismo de Estado, e que encontrou em Stálin o ápice da sua lógica.

Foi, segundo demonstra Goldman, "uma autocracia pessoal ainda mais poderosa e absoluta do que qualquer czarismo", com a produção material voltada a interesses completamente antagônicos aos das massas, a distribuição dos bens ineficiente e absolutamente desigual e a institucionalização do extermínio e perseguição ideológica a qualquer mínima demonstração de insatisfação ou desconformidade para com a autoridade.[17]

17. "Não há comunismo na Rússia", p. 125.

Quanto aos "apaixonados pela *ditadura do proletariado*", em especial aquele tipo de intelectual de esquerda que resiste até hoje nessa paixão sem nunca ter vivido sob uma, Goldman chama a atenção para o fato de que, ao menos no seu tempo, na prática, esse tipo de intelectual (ela se refere mais especificamente aos estadunidenses e britânicos), ou "mercador" da "revolução", não poderia "deixar de preferir as pequenas liberdades" de que gozava no seu país; poderia até viajar para a Rússia, "em visitas curtas", mas fato é que invariavelmente se sentia mais seguro e confortável em casa. Um alívio fora do ambiente da ditadura *avant garde* do proletariado (e justamente pelas "pequenas liberdades"), que, como bem observou Goldman, não é o motivo, ao menos não esse, da covardia desse tipo de intelectual, já que antes tal sentimento é possivelmente indicativo de que a individualidade é a realidade mais concreta que experimentamos, a "verdadeira realidade da vida", que "não existe para o Estado, como tampouco em função da abstração que chamamos *sociedade* ou *nação*". Uma compreensão que se desdobra na constatação de que o *indivíduo* é "a única força motriz de todo progresso", por ser a expressão mais concreta e imediata do princípio libertário.[18]

Em outras palavras: decepcionar-se com os resultados da Revolução Russa não significa desapontar-se com os movimentos das massas que culminam em revolução. O fim de uma revolução não é necessariamente a substituição da ditadura da burguesia pela ditadura do proletariado, não se resume à máxima de que novos Lênins devam ocupar a cadeira de atuais Romanovs. Antes o contrário... Pois como ela sabia muito bem, na sua inesgotável sagacidade: "Não se deve pensar [...] que o fracasso dos anarquistas na Revolução Russa tenha significado a derrota da ideia libertária", já que, em vez disso, teve-se aí, com esse terrível fracasso, a prova contrária: na prática, "a autoridade, o governo e o Estado" são "inerentemente estacionários, reacionários e inclusive contrarrevolucionários.

18. "O indivíduo, a sociedade e o Estado", p. 183.

Em suma, a própria antítese da revolução".[19] Embora a ideia socialista de revolução seja até hoje a dominante, ela não só não é a única, como sequer é pertinente. Dada a força da sua verve utópica, Goldman manteve até o fim dos seus dias, mesmo no contexto da Segunda Grande Guerra, a crença de que "grupos cada vez maiores de indivíduos" estavam então "começando a ver para além da superficialidade da ordem estabelecida". E, com isso, a perceber tanto o "brilho falso da ideia de Estado", quanto o tipo de individualismo condizente com o liberalismo econômico e seu Estado mínimo, que justificava a exploração das massas pelas classes dominantes ao tomar como ideal não o indivíduo na sua liberdade, mas o chamado *self-made man*, o verdadeiro *Übermensch* do *American way of life* (e ancestral hoje atualizado, inclusive na modéstia, sob a insígnia do autoempreendedorismo).

Esse tipo de individualismo autoempreendedor em nada se relaciona com o louvor ao indivíduo como encarnação da santidade da vida entoado por Goldman; em vez disso, trata-se, segundo seu diagnóstico, de mais uma tentativa mascarada de reprimir e aniquilar o indivíduo e a sua individualidade.[20]

O progresso no seu movimento de avanço (o contrário de retrocesso) é, assim, decifrado pela anarquista como propulsionado exclusivamente pelo "espírito e métodos libertários" e definido como a "aceitação cada vez maior dos princípios da liberdade em detrimento dos da coerção". Daí a equivalência entre progresso e princípio libertário e entre ambos e a revolução, ao menos no ponto da história em que nos encontramos, em que o princípio autoritário continua a ganhar o eterno jogo. No seu "caráter mais íntimo", a revolução é descrita por Goldman como "negação da autoridade e da centralização do poder", como luta "por espaços cada vez mais amplos para a expressão do proletariado" e "multiplicação das possibilidades de ações individuais e coletivas".[21]

19. "Minha nova desilusão com a Rússia", p. 110.
20. "O indivíduo, a sociedade e o Estado", p. 181.
21. "Minha nova desilusão com a Rússia", p. 107.

Se fosse para elaborar, em uma imagem, o progresso nesse instante decisivo da revolução, da virada do princípio libertário sobre o autoritário, seria algo como a irrupção simultânea e descentralizada, embora conectada, de movimentos múltiplos, variados, espontâneos e tão criativos quanto a natureza na sua variabilidade inumerável de seres, cores, composições e formas. Que, para além das cadeias alimentares e da seleção natural, também se baseava como ensinou Kropotkin, na cooperação e apoio mútuo, imprescindíveis para a sobrevivência.[22] Conforme postulado por Goldman: "O interesse comum é o *leitmotif* de toda luta revolucionária". É por isso que uma revolução só pode ser "permanentemente bem-sucedida" no caso de aplicar "toda a sua força contra a tirania e a centralização do poder, e de lutar obstinadamente para fazer da revolução uma verdadeira reavaliação radical de todos os valores econômicos, sociais e culturais".

Essa revolução avançaria e se ampliaria até desembocar, finalmente, numa reconstrução econômica e social, resultante "da atuação plena da iniciativa individual e do esforço coletivo [...] da cooperação entre o proletariado intelectual e o manual", fundidas num todo "harmonioso". Numa sentença: revolução significa o processo que conduzirá à "reversão completa de todos os princípios autoritários".[23]

Mas esse é o aspecto positivo da revolução, o que não foi possível na Rússia; e Goldman, ao aceitar na própria carne a condição de mártir, sabia com suficiente autoridade que, no plano político, a revolução e o progresso se deparam invariavelmente com a resistência e a oposição armada das instituições erguidas pelo princípio autoritário. O que faz da violência e derramamento de sangue, isso sim — em vez do grau de industrialização preconizado por Marx —, a única etapa inescapável rumo à (como diria Álvaro de Campos) verdadeira história da humanidade. Donde decorre inclusive a sua profunda lástima de que a Revo-

22. "O indivíduo, a sociedade e o Estado", p. 181.
23. "Minha nova desilusão com a Rússia", p. 111.

lução Russa que, no momento da sua irrupção, a despeito do atraso industrial, detinha todos os meios para desembocar numa reconstrução social[24] — tenha resultado em estatismo:

Se for para resultar apenas numa mudança de ditadura, numa simples troca de nomes e de personalidades políticas, então simplesmente não vale a pena. Não vale toda a luta e sacrifício, a perda imensurável de vidas humanas e de valores culturais que resultam de qualquer revolução. E mesmo que esse tipo revolução trouxesse um maior bem--estar social à população em geral (o que, de todo modo, não ocorreu na Rússia), tampouco valeria o preço terrível a ser pago; pois melhorias podem ser conseguidas sem o derramamento de sangue inexorável à revolução.[25]

Além disso, é preciso colocar na conta que estamos tratando aqui de uma leitora bastante assídua das teorias psicológicas que floresceram no seu tempo (como as de Freud) e, assim, também, muito consciente da importância do papel da psicologia das massas nos processos revolucionários: caso da "psicologia das massas eslavas" que, como se sabe, veio a culminar na Revolução Russa. Como faz questão de declarar diretamente, o fator mais importante numa revolução social, muito mais do que a questão industrial, é justamente "a psicologia das massas de um determinado período histórico". Se assim não o fosse, pontua de modo definitivo, então certamente já teria ocorrido, ou pelo menos estaria em curso, uma série de revoluções sociais nos países que haviam atingido "o grau de desenvolvimento industrial estabelecido por Marx como o estágio culminante": caso dos Estados Unidos, da França e Alemanha; ao invés de ocorrer na Rússia, "um país predominantemente agrário".[26]

24. Ela inclusive lista quais seriam essas forças disponíveis que "poderiam ter movido montanhas se tivessem sido guiadas com inteligência": "uma rede de organizações trabalhistas e de cooperativas cobria toda a Rússia, fazendo a ponte entre a cidade e o campo; os sovietes se proliferavam em resposta às necessidades do povo russo; e, além de tudo isso, havia a *intelligentsia*". Cf. "Minha nova desilusão com a Rússia", p. 100.
25. *Ibidem*, p. 118.
26. *Ibidem*, p. 99.

Goldman explica, de modo suficientemente didático, algo da composição dessa psicologia das massas eslavas cujo desejo ardente de liberdade foi efetivamente capaz de encarnar simultaneamente em 150 milhões de pessoas e levá-las à ação direta. Em primeiro lugar, trata-se de um desejo que foi nutrido por um século de agitação revolucionária que permeou todas as classes na Rússia e se espraiou, sobretudo na segunda metade do XIX, em um sem-número de células e vertentes clandestinas (até serem posteriormente esmagadas pelos bolcheviques, os traidores da revolução); e em segundo, essa psicologia foi "inspirada e intensificada pela Revolução de Fevereiro", por meio de "slogans ultrarrevolucionários, como *Todo poder aos sovietes* e *Terra para os camponeses, fábricas para os trabalhadores*", que efetivamente "expressavam a vontade instintiva e semiconsciente do povo, e ainda traziam consigo o significado de uma reorganização social, econômica, e industrial completa da Rússia".[27]

De acordo com Goldman, o poder dos slogans não deve ser subestimado no tocante à sua importância para a psicologia das massas. Uma observação que, diga-se de passagem, definitivamente faz tremer, no caso de a aplicarmos para compreender o slogan ultrarreacionário "Deus, pátria e família", que no nosso cenário nacional pareceu expressar a vontade instintiva e semiconsciente de cerca de metade do nosso povo, alimentado por séculos de escravidão.

De outro lado, ela também reconheceu, como atestado nas páginas que se seguem, o papel exercido pela psicologia das massas em processos reacionários e contrarrevolucionários, embora pareça compreendê-los muito mais como resultado de manipulação do que de espontaneidade. No caso da ideologia do patriotismo então introduzida artificialmente nas massas ocidentais para os fins do militarismo, a consciência dessa manipulação de dimensões continentais não poderia ser expressa de forma mais direta. Vide, com atenção, o excerto abaixo retirado de "Patriotismo:

27. *Ibidem*, p. 98.

uma ameaça à liberdade", datado de 1910, e proferido em inúmeras audiências públicas, no contexto do aumento exponencial dos gastos militares em países como Estados Unidos, Inglaterra, França, Alemanha, Rússia e Japão, nas décadas imediatamente anteriores à Primeira Grande Guerra:

Os poderes que durante séculos escravizaram as massas desenvolveram um estudo bastante completo da sua psicologia. Eles sabem que as pessoas, de modo geral, são como crianças cujo desespero, tristeza e lágrimas podem ser transformados em alegria com um simples brinquedinho. Assim como sabem que quão mais belamente o brinquedo esteja adornado, quão mais vibrantes forem suas cores, maior será o apelo que exercerá sobre essa criança formada por milhões de pessoas.

O exército e a marinha são os brinquedos do povo. Para torná-los mais atraentes e aceitáveis, centenas de milhares de dólares estão sendo gastos na exibição desses brinquedos. Esse foi o propósito do governo americano ao equipar toda uma frota e enviá-la para a costa do Pacífico: *para que todos os cidadãos americanos pudessem sentir orgulho pelos Estados Unidos, pudessem sentir a sua glória.*[28]

É realmente curioso que, embora relacione o progresso e a revolução ao "processo de evolução natural", como se fossem a expressão social e coletiva da própria pulsão de vida no sentido psicanalítico, Goldman não associe, em contrapartida, os movimentos contrarrevolucionários à pulsão de morte — que nas leituras tardias de Freud é ensaiado como supostamente tão inato quanto o da vida. Ao contrário, ela nega essa associação. Num sentido muito mais prosaico, como mencionado acima, Goldman sugere que a histeria coletiva da guerra (ou o patriotismo) estava sendo deliberadamente propagada por certos grupos de interesse (*lobby* das armas) para o fim último da exploração internacional dos magnatas industriais, através da venda lancinante das suas mercadorias cada vez mais mortais e que, portanto, exigiam uma matança cada vez maior, inclusive, para comprovar a sua eficácia: "As massas europeias não foram conduzidas às trincheiras e campos de batalha por algum desejo secreto, íntimo e

---

28. "Patriotismo: uma ameaça à liberdade", p. 72, grifo meu.

profundo de guerra; a causa desse fenômeno deve ser buscada na competição desvairada pelos melhores equipamentos militares, por exércitos mais eficientes, navios de guerra maiores, canhões mais poderosos", observa.[29]

Ou seja, ela não naturaliza a automatança das massas, conhecida como guerra (seja interna ou externa). Ao contrário disso, apresenta a compreensão de que se trata do resultado deliberado de estratégias artificiais: a matança como o efeito verdadeiramente final do "método autoritário" que, contrário à evolução natural, "sempre foi um fracasso ao longo da história".[30]

Ainda nesse sentido da formatação deliberada e artificial de uma determinada psicologia das massas, Goldman faz referência à "psicologia do absolutismo político e da ditadura, comum a todas as formas desse tipo de regime", cuja característica marcante seria a de tornar, com o tempo, os métodos de extermínio e coerção utilizados para alcançar o poder e fortalecê-lo o único objetivo, sendo justamente essa a psicologia dos líderes bolcheviques como classe. A contrapartida foi o desenvolvimento de "uma nova psicologia na grande massa de pessoas", justamente moldada por meio dessa sujeição mais abjeta, exploração e degradação tornadas fins com a culminância do terrorismo de Estado (a expressão política do capitalismo de Estado Soviético).

Essa *nova* psicologia das massas poderia inclusive, segundo Goldman, ser contemplada na geração jovem da Rússia de 1935: "o produto dos princípios e métodos bolcheviques" e resultado dos dezesseis anos do monopólio extremo de ideias e valores *comunistas*. De acordo com o seu duro diagnóstico, a flor da juventude comunista seria composta basicamente por dois tipos: os "fanáticos cegos, limitados e intolerantes, desprovidos de qualquer lampejo de sensibilidade ética, de qualquer senso de justiça e equidade" e os "alpinistas sociais e carreiristas", "oportunistas educados sob o dogma bolchevique *o fim justifica os*

29. "Preparação militar, o caminho para o massacre universal", p. 92, grifo meu.
30. "Minha nova desilusão com a Rússia", p. 110.

meios", muito embora houvesse também "um bom número de jovens profundamente sinceros, heroicos e idealistas" que já teriam compreendido a traição às massas pelos bolcheviques e que, na sua maioria, se ainda vivos e não exilados, habitavam as prisões políticas soviéticas e os campos de concentração.[31]

Vale enfatizar mais um aspecto no que diz respeito a esse antagonismo entre os princípios autoritário e libertário, entendidos por Goldman como o motor da própria história nos seus movimentos de progresso e retrocesso. Trata-se da centralidade do indivíduo como expressão do princípio libertário na realidade sensível imediatamente vivida. Conforme mencionado acima, Goldman identifica o *indivíduo* como "a única força motriz de todo progresso", e isso porque, no sentido mais simples e elementar, foi sempre o indivíduo quem executou o milagre da descoberta e da invenção, a despeito de toda "proibição, perseguição e interferência da autoridade", seja religiosa ou estatal; porque foi sempre na "alma do homem, do indivíduo", onde primeiro ocorreu a rebelião "contra a injustiça e a degradação"; porque foi sempre o indivíduo quem deu cada um dos passos "na filosofia, na ciência e na arte, assim como na indústria", concebeu o "impossível" e inspirou os demais...

Em suma: porque é o indivíduo quem vive, respira e sofre, é ele a mãe e o pai da ação e pensamento libertários, pura pulsão de vida que anseia por expressão. É essa compreensão do indivíduo como o incalculável, como o que não pode ser reduzido à hereditariedade nem ao ambiente, que não pode ser explicado por uma relação de causa e efeito, como o que não pode ser definido porque é a fonte dos valores, onde a vida começa e termina. É essa compreensão que Goldman parece querer confirmar quando coloca a santidade da vida junto com a dignidade do homem, o senso de justiça e igualdade, e o amor pela liberdade e pela fra-

---

31. "Não há comunismo na Rússia", p. 125, grifo meu.

ternidade como os valores fundamentais do vindouro processo de transvaloração ética que se realiza como revolução social.[32]

As rodas do progresso são movidas, portanto, não só pela luta de grupos de indivíduos (que em números massivos chamamos justamente de revolução), como também, e especialmente, pela luta de indivíduos isolados, que de todo modo são os que formam os grupos e integram as massas:

Foi sempre o indivíduo, frequentemente sozinho e por si só, e, em certas ocasiões, em unidade e cooperação com outros de sua estirpe, quem lutou e sangrou nessa batalha milenar contra a repressão e a opressão, contra os poderes que o escravizam e degradam.

Daí inclusive a sua suspeita de que "a uniformidade social" seja possivelmente "uma ameaça ainda maior" ao indivíduo "do que a autoridade instituída", isto é, o Estado. Resultante do medo da autoridade, ao mesmo tempo que o seu baluarte, a "uniformidade social", como a própria expressão indica, se faz "presente em todos os lugares, nos hábitos, nos gostos, nas vestimentas, pensamentos e ideias", o que torna toda "unicidade", "distinção" e "diferença" — que justamente caracterizam o indivíduo na sua individualidade — inexoravelmente condenáveis, seja do ponto de vista moral ou até criminal. As "maiores batalhas do ser humano", escreve Goldman, são "travadas contra obstáculos artificiais criados por ele mesmo e impostos sobre si mesmo com o objetivo de paralisar o seu crescimento e desenvolvimento".

O "próprio pensamento humano" é um desses obstáculos, "desde sempre falsificado pela tradição e pelos costumes, pervertido por uma educação falsa moldada pelos interesses [...] do Estado e das classes dominantes".[33] Por isso que, para ela, a revolução expressa uma "mudança interna de conceitos e ideias" que, ao ampliar-se por diferentes "estratos sociais", culmina, finalmente, "na violenta sublevação conhecida como revolução social". No caso de mudanças externas, meramente institucio-

32. "O indivíduo, a sociedade e o Estado", p. 181.
33. *Ibidem*, p. 183.

nais, na medida em que não há transformação na substância (os valores), não só a revolução — que implica necessariamente violência — não é desejável, como sequer acontece no seu sentido mais próprio dado por Goldman. Pois se o "fim último de todas as mudanças sociais revolucionárias é estabelecer a santidade da vida humana, a dignidade do homem, o direito de todo ser humano à liberdade e bem-estar", o "seu primeiro preceito ético é a identidade dos meios utilizados e dos objetivos buscados".[34]

Em face dessas considerações, é interessante observar que ela, no final da vida, tenha elencado como a "pior forma da escravidão moderna" não exatamente a vida humana sob a ditadura, mas sim a deturpação da individualidade em "individualismo rude" levada a cabo, em especial, pela cultura estadunidense e depois espraiada aos quatro cantos do mundo.[35] "Pior", possivelmente, porque se trata de uma escravidão imposta diretamente sobre a interioridade, que deforma a "autoconsciência do indivíduo acerca daquilo que ele é e de como ele vive", que é "inerente a todo ser humano e pode ser desenvolvida", em "busca degradante por prestígio social e supremacia".

Goldman faz atentar para o fato de que esse ideal do *self--made man*, atualizado nos nossos dias no ideal do autoempreendedor, pressupõe a compreensão de que "a luta brutal pela existência material deve ser mantida". Mais do que pressupõe: efetivamente a luta pela sobrevivência material prossegue e se intensifica, "muito embora a sua necessidade já tenha desaparecido completamente".[36]

Com esse tipo de individualismo como fonte das relações sociais, o companheirismo é substituído por antagonismo, a união dá lugar ao ódio — o que termina por minar a fonte do mais revolucionário e potente dos afetos: a solidariedade. Segundo

34. "Minha nova desilusão com a Rússia", p. 122.
35. Sobre o termo específico "individualismo rude", que pode ser compreendido de modo mais geral como o individualismo estadunidense. Com o qual, de um modo ou de outro, estamos todos familiarizados. Ver nota na p. 184
36. "O indivíduo, a sociedade e o Estado", p. 193.

Goldman, somente a solidariedade é capaz de fazer despertar a consciência de "todos os humilhados e oprimidos da terra" e levá-los a se rebelar "contra os seus exploradores internacionais".[37] É como se a solidariedade, quando ampliada num sentimento que não se restringe a fronteiras regionais e nacionais, trouxesse consigo tal harmonia entre os interesses dos trabalhadores que seria capaz de suplantar a relação de obrigação e compulsoriedade (por meio do contrato de exploração) entre o trabalhador e seu compatriota explorador. Ou seja, o velho e bom internacionalismo dos trabalhadores, sintetizado magistralmente no melhor dos slogans marxistas: "Trabalhadores de todo o mundo, uni-vos!".

É essa solidariedade internacional, inclusive, que as autoridades do mundo mais temem e de onde brota o que todo o militarismo e guerra entre nações efetivamente pretendem aniquilar em vez de alguma "invasão estrangeira". Até porque, segundo nos conta, foi precisamente "esse espírito do propósito mútuo e da solidariedade" que "varreu a Rússia como uma onda gigantesca", "nos primeiros dias da Revolução de outubro–novembro".[38]

Em suma: em todos os textos desta coletânea, de modo mais ou menos explícito — ao lado de implacáveis críticas e da exigência sem concessões de um radicalismo coerente e, portanto, destemido — persiste a antevisão universal e axiológica da história humana como um movimento rumo a uma adequação cada vez maior e mais plena entre a experiência imediatamente vivida e os valores da justiça, igualdade, liberdade e fraternidade, os mesmos que os bolcheviques estigmatizaram como fraquezas sentimentalistas e superstições burguesas e que os liberais e democratas requentaram, e até hoje requentam, com fins variados, numa demagogia infinita de tão repetitiva e tediosa.

Assim, ao que parece é justamente a exigência de concretização, encarnação, naturalização, atividade, exercício social e político imediatos desses valores éticos há tanto tempo aclama-

37. "Patriotismo: uma ameaça à liberdade", p. 81.
38. "Minha nova desilusão com a Rússia", p. 100.

31

dos e aos quais tão pouco estamos habituados no sentido prático, o que Goldman compreendeu como a verdadeira transvaloração de todos os valores sociais e humanos que é o mesmo que uma revolução social e política plenamente libertária:[39]

Os valores éticos sobre os quais a revolução busca estabelecer uma nova sociedade precisam ser introduzidos através de atividades revolucionárias no chamado período de transição. Esse período só poderá servir como ponte real e confiável para uma vida melhor, *se for feito com o mesmo material que o da vida que almeja alcançar.*[40]

Na medida em que os valores éticos precisam se tornar o material da própria vida, ser introduzidos nas atividades diárias e necessitam dessa materialização e atividade como condição de possibilidade da própria revolução, fica claro por que, para essa pensadora e militante política, a tessitura de grandes e intricadas narrativas especulativas da história, à moda dos acadêmicos, não poderia ser exatamente uma questão ou uma fonte de preocupação de que pretendesse dar conta. O "chamado período de transição" exige agir de modo revolucionário, ser um revo-

---

39. É interessante observar que justamente esses valores preconizados por Goldman como vindouros no processo de transvaloração são justamente os valores rejeitados pela filosofia nietzschiana, como condizentes com a "moral do animal de rebanho", "a própria herança do movimento cristão". Segundo o filósofo alemão, num sentido bem contrário ao de Goldman, as instituições políticas e sociais do seu tempo estariam se tornando "uma expressão cada vez mais visível dessa moral", mas, no caso, sob a roupagem da democracia moderna.

Quanto aos "cães anarquistas que erram hoje pelos becos da cultura europeia", a sua oposição aos democratas, assim como "aos broncos filosofastros da irmandade, que se denominam socialistas", seria apenas aparente. Já que todos, democratas, anarquistas e socialistas, seriam "igualmente unânimes na sua religião da compaixão, [...], no ódio mortal ao sofrimento, a quase feminina incapacidade de permanecer espectador, de deixar sofrer; [...] unânimes na crença da moral da compaixão partilhada, como se ela fosse a moral em si, o cúmulo, o cume alcançado pelo homem, a esperança única de futuro [...] — todos eles unânimes na crença na comunidade redentora, isto é, no rebanho em *si*..." (Nietzsche. *Além do bem e do mal.* Trad. Paulo César de Souza. São Paulo: Companhia das Letras, 2005).

40. "Minha nova desilusão com a Rússia", p. 123, grifo meu.

lucionário, antes da revolução. O seu objetivo era a formação revolucionária das massas — e para isso se valeu de argumentos históricos e da sua parrésia anarquista — e não a arquitetura de sublimes e absolutas construções político-filosofais que só podem ser habitadas por governantes e iniciados muito específicos (que, no frigir dos ovos, dominam a terminologia para, na prática, deturpá-la por completo).

O ideal não perde em importância com a simplificação teórica, ao contrário, torna-se ainda mais central, porque todo pensamento e atividade se dão no sentido de torná-lo vital. Segundo Goldman, "a regeneração da humanidade exige a inspiração e a força energizante de um ideal", e o seu ideal, conforme declara diretamente nas linhas que se seguem, era justamente o anarquismo, simplesmente porque de "todas as teorias sociais, é apenas o Anarquismo que proclama, com firmeza inabalável, que a sociedade existe para o ser humano e não o ser humano para a sociedade".[41]

Para o caso de o seu *"belo ideal* anarquista" soar excessivamente simples ou ingenuamente utópico, cabe considerar que o reencontro e livre associação do intelectual com o trabalhador manual pouco qualificado, isto é, da *intelligentsia* com o povo, era parte essencial da sua utopia, pois ela já havia entendido o que os "proletários intelectuais" precisavam entender: os seus interesses são os mesmos interesses das massas. Uma constatação, já no seu tempo, segundo ela, cada vez mais óbvia, com a proletarização dos intelectuais então em curso.

De outro lado, seria preciso à classe trabalhadora curar-se do ensinamento falacioso por meio do qual, em todos os lugares, os demagogos manipularam a sua ignorância: a crença de que "a educação e a cultura são preconceitos burgueses, que os trabalhadores podem se virar sem isso, e que sozinhos são capazes de reconstruir a sociedade". Obviamente, Goldman reconheceu que a classe trabalhadora tem de ter direito a toda formação e

41. "O indivíduo, a sociedade e o Estado", p. 198.

qualificação que desejar, mas no avançado da hora, antes que a revolução aconteça: "O cientista, o engenheiro, o especialista, o pesquisador, o educador e o artista criativo, assim como o carpinteiro, o maquinista e todos os demais trabalhadores são parte da mesma força coletiva que fará da revolução o grande arquiteto do novo edifício social".[42]

Assim, se não há no seu pensamento, diferentemente do que preconizou Marx, a pretensão de subir da terra para os céus,[43] é porque se trata, como os textos desta edição atestam, de um pensamento enraizado na história, que floresce emaranhado com ela, tanto na erudição quanto na militância. O que não torna sequer o caso de tentar compreender a história (e, com ela, a vida) do alto de complexos conceituais excessivamente abstratos, pois é semelhante a uma semente que pretende se erguer em árvore em direção ao céu, justamente por isso não pode e nem quer abstrair-se da terra.

É significativo que um tal enraizamento na história, passada e imediatamente vivida, tenha brotado justo nela, que se autodefiniu como uma "uma mulher sem país" e que, de outro lado, deu à sua revista mensal e editora o nome tão significativo e atual nesse nosso tempo de cataclismos ecológicos, de *Mother Earth*.

OS TEXTOS NA LINHA DO TEMPO

Trinta anos separam o primeiro do último texto da presente coletânea; textos que se destacam, de modo especial, para além da questão do gênero, pela surpreendente e mesmo assustadora atualidade de algumas das problemáticas neles abordadas. Com destaque especial para a relação identificada por Goldman entre patriotismo, preparação militar e massacre universal, à qual subjaz a compreensão ainda mais elementar, diversas vezes repetida

42. "Minha nova desilusão com a Rússia", p. 116.
43. "Totalmente ao contrário da filosofia alemã, que desce do céu à terra, aqui se eleva da terra ao céu". MARX, ENGELS. *A ideologia alemã*. Trad. Rubens Enderle, Nélio Schneider, Luciano Cavini Martorano. São Paulo: Boitempo, 2007, p. 94.

por ela, de que o militarismo é o baluarte do capitalismo. Seja do capitalismo financeiro propriamente dito, caso dos EUA, seja do capitalismo de Estado, que segundo demonstrou, em vez de comunismo, era o que efetivamente havia na Rússia bolchevique.

Considerados em seu conjunto, os textos aqui dispostos explicam, em grande medida, as razões — verdadeiramente surpreendentes quando examinadas no detalhe — da sua deportação dos EUA,[44] em dezembro de 1919, e da sua deserção da Rússia, dois anos depois, em dezembro de 1921, sob o custo de uma peregrinação bastante tensa por diversos países, já que a dissidência era considerada alta traição na Rússia e o risco de uma nova deportação para lá uma ameaça constante, ao menos até conseguir o passaporte britânico em 1925.[45]

As principais contribuições desta nova edição e tradução da coletânea O indivíduo, a sociedade e o Estado podem ser encontradas nas contextualizações históricas dispostas pontualmente nas notas de rodapé: as quais, Goldman, em grande parte, tomava como familiares aos seus então leitores e ouvintes. Mas também na disposição cronológica dos seis textos que a compõem, na medida em que possibilita organizar os seus argumentos à luz dos eventos históricos globais e locais que ela buscou responder.

44. Goldman, como se sabe, nasceu numa província da Lituânia então pertencente ao Império Russo, em 27 de junho de 1869, e, aos dezesseis anos, em 1885, imigrou para os Estados Unidos junto com suas irmãs e pais.
Em grande medida, pode-se atribuir a imigração da família de Goldman à tentativa de escapar das condições materialmente precárias e política e socialmente opressivas resultantes da autocracia czarista russa da época, cujas políticas antissemitas (a família era judia) foram especialmente agravadas com a onda geral de repressão que se seguiu o assassinato do czar Alexandre II, pelo grupo Vontade do Povo, em 1881. Grupo a que, diga-se de passagem, ela sempre prestou os mais altos tributos, reconhecendo-se como representante inclusive da mesma tradição, o chamado populismo russo.
45. Em 1925, Goldman, que então vivia na Inglaterra, casa-se com o galês James Bolton, um companheiro de militância anarquista, com o intuito de conseguir a cidadania britânica e, com isso, de livrar-se do perigo de ser extraditada para a União Soviética, além de poder atravessar as fronteiras com liberdade e segurança.

E respondeu, na teoria e prática. Um dos princípios que guiou o presente trabalho de tradução foi o de que algum conhecimento do contexto histórico é pré-requisito inegociável para a compreensão dos textos aqui selecionados, especialmente, no que diz respeito ao seu potencial subversivo, passível de aprendizagem.

Visto de hoje, é realmente digno de espanto que, ao lado de toda a sua verve utópica-disruptivo-revolucionária, incomensurável na magnitude da sua força, ela tenha sido capaz de precisar a ameaça de um massacre universal antes da invenção da bomba atômica e, portanto, décadas antes da corrida nuclear que, pouco após a sua morte, veio a marcar o caráter de um novo tipo de guerra, a *fria*. E justamente entre as duas pátrias a ela tão familiares, caras e bem conhecidas, entre as suas duas casas, onde por razões diversas não pôde viver... Isto é: os mesmos Estados Unidos e Rússia que, no atual contexto da guerra russo-ucraniana intermediada pela OTAN (a mais nova variação da guerra por procuração), tornam, mais uma vez, o massacre universal uma realidade iminente, em vez de metáfora hiperbólica e apocalíptica, como era ainda possível acreditar na época em ela que viveu.

Os dois primeiros textos, "Patriotismo: uma ameaça à liberdade", de 1910, e "Preparação militar, o caminho para o massacre universal", de 1915, são, nesse sentido, os mais desconcertantes pela sua espantosa atualidade mais de cem anos depois. Escritos quando vivia nos EUA e proferidos em inúmeras audiências públicas, acompanhadas de perto por policiais e detetives, ambos são expressão da sua militância no movimento antimilitarista no contexto da preparação militar que culminou na Primeira Grande Guerra. Enquanto o primeiro texto custou, digamos assim, a prisão de um soldado, William Bwalda, simplesmente por assistir a uma das suas audiências públicas sobre o patriotismo,[46] o segundo, enquanto expressão direta das atividades

46. O soldado William Buwalda assistiu à conferência de Goldman sobre o Patriotismo, em 1908. A versão dessa conferência disposta na presente coletânea é a de 1910, em que Goldman, além da reflexão sobre a temática, narra as

da Liga Antimilitarista nos EUA, tornou-se mais uma das provas documentais a compor o relatório que culminou com a sua condenação à prisão e, posteriormente, deportação sem retorno.

Goldman foi condenada pelo crime de traição por suas atividades antiguerra, em especial contra o recrutamento tornado obrigatório com a entrada dos Estados Unidos na Primeira Guerra. É curioso que tenha sido muito mais a sua militância antimilitarista e antiguerra do que a sua militância, por assim dizer, pró-terrorista.

Ela, por exemplo, sempre defendeu de modo mais ou menos direto a ação direta violenta (caso de rebeldes assassinos de grandes autoridades políticas),[47] o que efetivamente a tornou uma *traidora* de Estado absolutamente indigna de qualquer perdão.[48]

O panfleto "Patriotismo: uma ameaça à liberdade", cuja primeira versão data de 1908, manifesta a adesão de Goldman ao movimento antimilitarista internacional iniciado em 1905 pela *Association Internationale Antimilitariste des Travailleurs* (ou AIA), um grupo europeu criado em Amsterdã na ocasião em que o recrutamento obrigatório foi imposto na França.[49]

A AIA pode ser descrita como numa espécie de ponto de interseção da esquerda radical da época (com destaque para os sindicalistas franceses) em torno de pautas antimilitaristas em comum. Goldman aproxima-se da pauta e da associação ao participar em 1907 do Congresso Anarquista, ocorrido justamente

consequências do caso Buwalda. Mais detalhes sobre o caso, podem ser encontrados justamente no texto "Patriotismo: uma ameaça à liberdade" e nas suas respectivas notas.

47. Mais do que defender a ação direta violenta, Goldman teve o seu nome envolvido em alguns atentados, com destaque para o caso do magnata industrial Henry Clay Frick, embora nunca tenham sido encontradas provas suficientes para mantê-la encarcerada.

48. Salvo um visto de três meses, repleto de restrições condicionantes, em 1934, Goldman não obteve o direito de retornar aos Estados Unidos.

49. Michael Burt Loughlin. "French antimilitarism before World War I: Gustave Hervé and *L'Affiche Rouge* of 1905". *European Review of History – Revue européenne d'histoire*, vol. 19, n. 2, pp. 249–274, abril 2012.

em Amsterdã. Em todo o texto de Goldman sobre o patriotismo fazem-se presentes as ideias do maior dos expoentes do movimento antimilitarista da época, o socialista radical Gustave Hervé, a quem inclusive a anarquista cita diretamente no texto.[50]

Que as suas considerações sobre o patriotismo pareçam hoje uma novidade tão urgente e atual, é digno tanto de espanto, quanto de tristeza. A esperança que fica com a leitura é que algumas das estratégias de luta apresentadas possam ser ainda igualmente atualizadas — no caso de restarem forças para, como ela, colocarmos a substância do que acreditamos em atividade e efetividade prática.

Goldman inicia a sua reflexão fazendo atentar que, diferentemente do que, num primeiro momento, tendemos a supor, o patriotismo não diz respeito ao amor pela terra natal ou à nostalgia de uma infância feliz sob o aconchego materno. Não diz respeito à ternura, não se trata de uma sensação de pertencimento e acolhimento. Se isso fosse patriotismo, constata a anarquista, a esmagadora maioria dos soldados — que conforma a argamassa que dá concretude ao patriotismo, na medida em que oriunda das classes baixas, em geral alocadas nos grandes centros urbanos desestruturados — não poderia ser jamais patriota. Ao longo de todo o texto ela faz reluzir a obviedade, essa sim, hoje reatualizada, de que o patriotismo nada tem a ver com amor e união, mas com divisão e morte.

É interessante resgatar para o nosso tempo a definição de Hervé por ela citada: a do patriotismo como superstição, na medida em que o objeto de amor do patriota em questão, a *pátria*, possui tanta realidade quanto deuses e demônios (como é o caso do Estado). E daí o seu acréscimo: o patriotismo é "uma superstição artificialmente criada e mantida por meio de uma rede de mentiras e falsidades".

Goldman parece também desvendar o patriotismo como um misto de "arrogância, vaidade e egoísmo" que é incitado em ha-

---

50. Candace Falk. "Introduction", *op. cit.*, p. 46.

bitantes de uma determinada localidade contra habitantes de outras localidades e vice-versa. Uma "tentativa de impor a sua superioridade sobre os demais" que, conforme observa, era estimulada "desde a primeira infância", com "a mente da criança" "envenenada" por "histórias horripilantes sobre alemães, franceses, italianos, russos, etc". Como sabemos por experiência própria, uma tal superstição, misto de sentimentos, possui efetivamente a capacidade de legitimar que cidadãos aparentemente pacíficos e amantes da liberdade tenham verdadeiros "espasmos de alegria", sem qualquer má consciência, ante "a possibilidade de lançar [...] bombas de dinamite sobre cidadãos indefesos" ou de "enforcar, eletrocutar ou linchar qualquer pessoa" que atente contra a vida de membros pertencentes às elites, mesmo se motivada pela mais premente necessidade econômica.

Conforme mencionado anteriormente, ela identifica, como uma das estratégias centrais para a formação dessa psicologia das massas patriota, demonstrações públicas do poderio bélico de grandes exércitos e marinhas da pátria em questão. Oferecidas ardilosamente às massas (a "criança formada por milhões de pessoas"), como se fossem "brinquedinhos", tais demonstrações alimentariam esse misto de "arrogância, vaidade e egoísmo" na interioridade de cada uma das pessoas a compor as massas patriotas — na medida em que cada uma passa a sentir como sua a glória militar do seu país. Note-se que a contrapartida desse tipo de "glória" (por certo infantilizada) é a dissolução da própria unicidade e individualidade nessa espécie de megapersonalidade patriota. A tal psicologia das massas que, quando contrarrevolucionária, depende sempre de um grande líder para garantir a sua coesão. A obviedade vista por Goldman e ignorada no seu tempo não parece estar agora em melhor situação:

A alegação de que um exército e uma marinha permanentes constituem a melhor forma de assegurar a paz é tão lógica quanto a afirmação de que o cidadão mais pacífico é aquele que anda mais fortemente armado. A experiência da vida cotidiana comprova que um indivíduo armado se sente invariavelmente ansioso para testar sua força. O que é uma verdade histórica também no que diz respeito aos governos.[51]

Ela também demonstra, por meio de uma série de estatísticas de gastos militares em diferentes países — precisamente, Inglaterra, França, Alemanha, Estados Unidos, Rússia, Itália e Japão —, no período de 1881 a 1905, que quem paga economicamente pelo patriotismo é o povo, e alerta para o inegável fato, baseado nos dados, de que os custos para com o militarismo estavam aumentando exponencialmente naqueles anos em todos os países analisados.

Chama a atenção, valendo-se para isso de uma observação de Tolstói, "o maior antipatriota do nosso tempo" segundo ela, para as consequências materiais do patriotismo. Aqui, a apropriação da força de trabalho pelo Estado (em funções militares) e pela iniciativa privada (na indústria de artefatos militares) é voltada para a produção da morte em massa, em vez da promoção da vida mesma, como a produção de alimentos ou fabricação de coisas básicas como sapatos, roupas, moradias, abrigos etc. Inclusive, uma das relações que mais se destacam nos escritos aqui dispostos, à luz do nosso tempo, é a relação entre militarismo, guerra e fome. Dito resumidamente: além de o povo sustentar economicamente o militarismo na forma de impostos e taxas, o militarismo direciona a força de produção para a promoção da morte do povo que o sustenta.

Por trás do "feroz Moloch da guerra" há "o deus ainda mais feroz do comercialismo", sintetiza brilhantemente. Não só em "Patriotismo: uma ameaça à liberdade" como também em "Preparação militar, o caminho para o massacre universal" ela descarta a grande justificativa dada para a necessidade do militarismo com seu exército permanente (e idealmente em permanente crescimento): a proteção contra o inimigo externo. Ora, mas por quê?

Em primeiro lugar, porque — como o longo excerto acima inclusive atesta —, nessa equação, a solução intensifica o pro-

---

51. "Patriotismo: uma ameaça à liberdade", p. 71.

blema que pretende resolver: combater o militarismo com mais militarismo é loucura. Goldman, já em 1915, antes da entrada dos EUA na até então chamada Guerra Europeia, compreendeu claramente que os métodos utilizados "pelos diplomatas e militares alemães para acoplar o militarismo prussiano às massas" eram exatamente os mesmos que, naquele momento, estavam sendo aplicados pelo "círculo militar americano" às suas próprias massas para nelas acoplar o militarismo que supostamente viria a destruir o militarismo de tipo prussiano. Com o qual, segundo se dizia, não poderia "haver paz ou progresso na Europa".

O que Goldman conseguiu antever, com surpreendente precisão, foi que, se fosse transformado nos EUA em "programa de ação nacional", o militarismo não só se igualaria como se tornaria "muito mais terrível do que o militarismo alemão ou prussiano jamais sonhou ser".[52] Bingo. Ademais, ela apresenta a genealogia do *slogan* ultrarreacionário estadunidense recentemente reavivado: o *America first* (América em primeiro lugar). É absolutamente irônico que esse slogan tenha a sua origem precisamente na Alemanha, embora tenha sido adaptado nos EUA no contexto da sua preparação militar justamente para combater os alemães! Vide nesse sentido, o excerto abaixo, em que além da versão original do *America first*, encontra-se também a origem de outro slogan ultrarreacionário: "Brasil, acima de tudo".

Há quarenta anos, a Alemanha apregoava o seguinte slogan: *Alemanha acima de tudo. Alemanha para os alemães, em primeiro lugar, por último e sempre. Nós queremos paz; portanto, devemos nos preparar para a guerra. Apenas uma nação bem armada e fortemente preparada pode garantir a paz, pode impor respeito, pode ter certeza de sua integridade nacional.* E, assim, a Alemanha continuou a se preparar, forçando, com isso, as outras nações a fazerem o mesmo.[53]

A preparação militar não é decorrente de uma ameaça imposta pelo inimigo externo, em segundo lugar, porque o patrio-

---

52. "Preparação militar, o caminho para o massacre universal", p. 86.
53. *Ibidem*, p. 85.

tismo não só é sustentado pelas massas, como também é algo que diz respeito exclusivamente a elas. Dito de modo breve: patriotismo é coisa do povo. Pois os donos do mundo, relembra-nos Goldman cem anos atrás, são há muito tempo os verdadeiros internacionalistas: "Os nossos ricos americanos não são franceses na França, alemães na Alemanha e ingleses na Inglaterra?", pergunta retoricamente. Além disso, ela também já tinha entendido o que quatro décadas depois ninguém menos do que Stanley Kubrick veio a representar magistralmente no cinema, no seu incomparável *Dr. Strangelove ou: como aprendi a parar de me preocupar e amar a bomba*: "As autoridades do mundo conhecem muito bem os interesses umas das outras e não se invadem".[54]

O "fator predominante" para a "preparação militar", ou seja, para a manutenção de um exército em permanente estado de prontidão militar para guerra, "o que conduz inevitavelmente à guerra", é, segundo ela, o que hoje designamos *lobby* das armas. Goldman, de forma bastante didática, define o chamado *lobby* das armas como grupos de interesse formados "por todos os envolvidos na fabricação e venda de munições e equipamentos militares para ganho e lucro pessoais", cujos "emissários trabalham em todos os lugares" e exercem influência direta sobre a imprensa, escola, igreja, políticos e oficiais militares do mais alto escalão, de modo a incitar "sistematicamente o ódio e antagonismos nacionais".[55] Afinal, apenas ódio e antagonismo generalizados podem incrementar a venda de equipamentos mortais.

Ou seja: o que a preparação militar no contexto da Primeira Grande Guerra deixou claro, pelo menos para os membros da *Association Internationale Antimilitariste des Travailleurs*, foi a aliança entre militarismo e capitalismo. Daí a constatação de Goldman: o militarismo é o baluarte do capitalismo. Pois o aumento exponencial dos gastos militares apresentados por ela significa, vale repetir, não uma maior segurança dos cidadãos, mas,

54. "Patriotismo: uma ameaça à liberdade", p. 69.
55. "Preparação militar, o caminho para o massacre universal", p. 94.

pura e simplesmente, um maior investimento de capital e força de trabalho tanto nas indústrias das armas a cargo da iniciativa privada capitalista, quanto na ampliação do exército nacional em permanente estado de prontidão militar para a guerra — atribuição do Estado.

E se, de um lado, o próprio Estado serve, com o militarismo, de modo ainda mais mortal, "aos interesses do grande capital", ajudando a tornar "os fabricantes de equipamentos militares [...] fenomenalmente ricos", de outro, as Forças Armadas de um país equipadas "até os dentes com armas mortais, com instrumentos de assassinato em massa altamente desenvolvidos *apoiam-se nos seus próprios interesses militares*, que possuem dinâmica e funcionalidade específicas". Afinal, observa a anarquista como se falasse em tom de brincadeira: "não dá para montar um exército permanente e depois guardá-lo numa caixinha como se estivéssemos brincando com soldadinhos de chumbo". Eis aí o *truísmo* que, como ela, nós conhecemos bem até demais. Mesmo que sejam meros joguetes de interesses econômicos que as ultrapassam, as classes armadas de trabalhadores, como não poderia ser diferente, passam a impor as suas demandas.

Na medida em que a função do exército é matar, escreveu muito antes de termos ouvido a mesmíssima declaração num contexto outro e recente, o militarismo só pode viver "por meio do assassinato" de modo que "é inevitável que busque um inimigo ou que crie um artificialmente". Segundo conclui, ecoando nesse ponto as ideias da AIA, o principal inimigo a que visa o militarismo é o inimigo interno. Ou seja: o trabalhador, operário, camponês, autônomo ou desempregado, a massa de explorados que "uma vez tendo despertado a sua consciência, mostrar-se-á mais perigosa do que qualquer invasor estrangeiro":

A preparação militar não é dirigida apenas contra o inimigo externo; visa muito mais o inimigo interno. Ela diz respeito àquela parte dos trabalhadores que aprendeu a não esperar nada das nossas instituições, à parte desperta do povo trabalhador que já percebeu que a guerra de classes subjaz às guerras entre nações e que se alguma guerra está justificada, é exclusivamente a guerra contra a dependência econômica e a escravidão política — os dois aspectos mais importantes concernentes à luta de classes.[56]

A guerra é desvelada, por Goldman, como autoaniquilamento induzido das classes dos trabalhadores para que o lucro e acumulação do capital possam se manter em crescimento ininterrupto. Conforme a síntese apresentada acima: *a guerra de classes subjaz às guerras entre nações*. Não é por acaso, como já mencionado, que o contingente dos soldados é formado por membros das classes menos favorecidas, como também é o caso da *classe* dos criminosos comuns (segundo nos conta, na mesma medida em que muitos soldados eram posteriormente presos por pequenos crimes, ex-presidiários se tornavam depois soldados). Salvo alguma excentricidade, não é o gosto pessoal que leva à escolha do ofício de soldado; se assim o fosse, encontraríamos, entre os soldados, os filhos das elites. O que não é o caso. Conforme constata com grande lucidez e atualidade: embora não seja "muito rentável ou honroso", o serviço militar, pelo menos, "é melhor do que vagar pelo país à procura de emprego, do que entrar em filas de doação de comida, do que dormir em pensões municipais".[57]

Numa imagem: soldados combatendo internamente criminosos (caso, por exemplo, dos nossos PMs) ou grevistas (caso do exército estadunidense da época de Goldman) como nada mais do que o autoaniquilamento entre compatriotas do mesmo estrato socioeconômico; soldados combatendo soldados de outros países como nada mais do que trabalhadores nascidos em diferentes localidades se matando entre si. Daí inclusive a sua convocação, presente em ambos os textos, à luta antimilitarista e internacionalista que para ela, como para AIA, era uma coisa só. Note-se que a sua convocação é direcionada tanto aos trabalhadores quanto aos homens e mulheres das "artes, ciências e letras" e, de modo geral, a "representantes em todas as instân-

56. "Preparação militar, o caminho para o massacre universal", p. 91.
57. "Patriotismo: uma ameaça à liberdade", p. 80.

cias da vida".[58] Não parece exagero que, para evitar um massacre potencialmente universal, resultante da união inerente entre capitalismo internacional e militarismo nacional, seja necessária a cooperação do maior número de pessoas, espalhadas pelo maior número de localidades, países e continentes possíveis.

De acordo com o seu diagnóstico — formulado, vale enfatizar, em 1915 — no tocante à preparação militar, não era mais "suficiente se declarar neutro", como tampouco era suficiente "se juntar aos burgueses pacifistas, que defendem a paz entre as nações, enquanto ajudam a perpetuar a guerra de classes, a guerra que, na realidade, é o fundamento de todas as guerras". Contra "a ignomínia que" estava "sendo preparada", Goldman sugere que nos concentremos no próprio fundamento de todas as guerras que é a guerra de classes.[59] É preciso ter em mente que o movimento antimilitarista levado a cabo pela AIA e do qual nossa autora foi um dos maiores expoentes nos Estados Unidos, com a formação da Liga Antimilitarista dos EUA, não era pacifista, como à primeira vista se pode vir a supor, já que internacionalista.

O protesto contra a guerra capitalista visava ao mesmo tempo fomentar uma insurreição dos trabalhadores contra seus compatriotas exploradores — que, naquele momento, haviam chegado ao paroxismo de comprar força de trabalho para arremessar os trabalhadores diretamente em máquinas produtoras de morte e, assim, seguir aumentando o capital. A recusa do movimento antimilitarista não era, portanto, contra a guerra como um todo, mas contra um determinado tipo de guerra. Conforme a declaração de Goldman contida no longo excerto acima citado: "se alguma guerra está justificada, é exclusivamente a guerra contra a dependência econômica e a escravidão política". Uma posição que foi expressa de modo ainda mais direto e explosivo no editorial do *Mother Earth* de agosto de 1914, mês em que foi declarada a conflagração europeia: "Nós proclamamos a insurreição contra

---

58. *Ibidem*, p. 81.
59. "Preparação militar, o caminho para o massacre universal", p. 83.

a guerra [...] Abaixo o militarismo! Viva a insurreição de todos os seres humanos! Insurreição ao invés de guerra!"

Note-se que a urgência vista por Goldman na escolha entre esses dois polos da guerra e da insurreição é, num sentido macro, a mesma que se faz presente, no plano individual, no hamletiano ser ou não ser. A escolha entre insurreição ou guerra é uma escolha entre vida e morte — no sentido universal. Como bem sintetizou Berkman, seu parceiro político e amigo de toda a vida: a "união internacional dos trabalhadores" é a "única forma de evitar a catástrofe".[60] Vale mencionar que, para as cortes e a opinião pública, internacionalista era sinônimo de traidor.

Goldman, Berkman e outros radicais como Leonard Abbot fundaram, logo após a conflagração europeia, em 1914, a Liga Anti-Militar dos EUA. Como nos informa Falk, entre as suas atividades estava a de oferecer apoio — material e jurídico — "àqueles que recusassem servir ao exército, a soldados que desobedecessem a ordens de atirar em grevistas e a trabalhadores que se abstivessem de fabricar artigos militares".[61] Em aliança não só com a AIA, mas com outros ativistas, organizações e projetos, numa grande rede, a Liga Antimilitarista era também uma forma de disseminar a contestação do direito do Estado de forçar os homens à guerra. Os jornais editados por Goldman e Berkman — respectivamente, o *Mother Earth* (mensal) e o *The Blast* (semanal) — foram centrais para a divulgação e promoção do debate das ideias da Liga.

No seu interessantíssimo estudo sobre o movimento anarquista dos EUA no período da Primeira Grande Guerra, Ferguson se concentra justamente nas atividades da Liga da Não Conscrição que emergiu da Liga Antimilitarista, quando, dias após os EUA declarar guerra à Alemanha, em 18 de abril de 1917, foi promulgada a lei que tornava obrigatório o alistamento militar

60. Em uma resposta de Berkman ("In Reply to Kropotkin") a um texto de Kropotkin ("Kropotkin on the Present War"), publicados no volume de novembro de 1914 do *Mother Earth*.
61. Candace Falk. "Introduction", *op. cit.*, p. 59.

de homens de 21 a 30 anos e enquadrava as greves trabalhistas como ato de rebelião (sedição) contra a produção de artefatos de guerra (*Conscription Law*).[62]

Nos poucos meses em que conseguiu sobreviver — precisamente de maio a junho de 1917 —, a Liga da Não Conscrição promoveu três importantes eventos em massa, além de oferecer aconselhamento legal grátis para homens que eram obrigados a encarar a conscrição. Ainda segundo Ferguson, a Liga da Não Conscrição, assim como a Liga Antimilitarista que lhe deu origem, tinham o mérito de combinar a pauta antimilitarista e internacionalista com perspectivas anarquistas e feministas, integrando num todo a crítica ao Estado, ao capitalismo e ao patriarcado, ou seja, promovia uma integração da luta pelo direito dos soldados de escolher as causas pelas quais lutar, com a luta pelo direito dos trabalhadores de controlar a produção e distribuição, e das mulheres aos métodos contraceptivos.[63] Na época, era proibida a mera circulação de informação sobre controle de natalidade, e foi justamente nos anos de 1914 a 1916 que Goldman desempenhou um papel de liderança no Movimento do Controle de Natalidade.

Não parece gratuito que o movimento antimilitarista nos EUA, liderado por Goldman e Berkman, tenha agregado no seu âmago a pauta feminista, num contexto em que a ideologia do patriotismo estava sendo associada à defesa de famílias numerosas e dos papéis tradicionais de gênero. Uma associação entre patriotismo e patriarcalismo ecoada por ninguém menos do que Theodore Roosevelt, então já ex-presidente dos Estados Unidos e principal expoente do chamado Movimento de Preparação, que justamente tinha por objetivo convencer a opinião pública acerca da necessidade da entrada dos EUA na conflagração eu-

---

62. Kathy E. Ferguson. "The anarchist anti-conscription movement in the USA". In: Matthew S. Adams e Ruth Kinna (eds.). *Anarchism, 1914–18: Internationalism, anti-militarism and war*. Manchester: Manchester University Press, 2017.
63. Idem, p. 203.

ropeia, o que naturalmente exigia um maior investimento no militarismo estadunidense.

Inclusive, podemos contemplar essa perspectiva feminista do antimilitarismo em ambos os textos sobre a temática aqui dispostos. Pois se Goldman inicia o seu "Patriotismo", de 1910, alertando para que o chamado amor à pátria não diz respeito à proteção e segurança da mãe e da criança, ou à memória de uma infância idílica fruto da maternidade livre — mas, antes, ao ódio derivado de uma separação artificial entre os povos que conduz à guerra entre os homens —, ela termina o panfleto "Preparação militar", de 1915, colocando o internacionalismo dos trabalhadores como a única forma de luta capaz de oferecer ao povo "os meios necessários para resgatar as suas crianças das favelas", como a única forma de luta capaz de permitir "que um novo ideal de fraternidade seja inculcado na próxima geração" e de fazer "da mulher a verdadeira mãe da humanidade, que dará à luz seres humanos criativos, e não soldados que destroem uns aos outros". Uma colocação que remete diretamente a um dos mais comoventes excertos de um dos textos, datado de 1916, fruto da militância no Movimento de Controle de Natalidade que, como sabemos agora, estava profundamente integrado ao Movimento Antimilitarista:

Ao longo das eras, a mulher vem carregando o seu fardo. Cumpre o seu dever mil vezes maior do que o de qualquer soldado em campo de batalha. Afinal, o trabalho do soldado é tirar vidas. Para isso, ele é pago pelo Estado, elogiado por charlatões políticos e apoiado pela histeria pública. Já a função da mulher é dar à luz e, em relação a isso, nem os políticos, nem a opinião pública demonstraram, em qualquer momento, a mínima disposição de retribuir a vida que a mulher tem dado.[64]

Daí que dos três grandes eventos de massa organizados pela Liga da Não Conscrição, o segundo deles, ocorrido em 4 de junho de 1917, tenha consistido num protesto formado especial-

---

64. Emma Goldman. "Os aspectos sociais do controle de natalidade" (1916). In: GOLDMAN, Emma. *Sobre anarquismo, sexo e casamento*. Tradução, introdução e notas Mariana Lins. São Paulo: Hedra, 2021, p. 183.

mente pelas mães dos intimados à conscrição, e que, por isso, recebeu como nome "Protesto das mães". Sim, pelo menos parte das mães estadunidenses no contexto da entrada do país na Primeira Grande Guerra se juntou aos anarquistas. De acordo com Ferguson, o evento, ocorrido em Nova York, conseguiu juntar cerca de 35.000 pessoas. Para essa manifestação, Goldman e seus parceiros angariaram recursos e aumentaram para 20.000 as cópias do volume de junho do *Mother Earth*, em que estava publicado o Manifesto da Liga contra a lei que tornava o alistamento obrigatório.[65]

Seja como for, dias depois, em 15 de junho, o presidente Wilson assina outra lei, a *Espionage Act*, que ia de multas de US$ 10.000 a sentenças de prisão de até vinte anos por propagar "traição, insurreição ou obstrução da conscrição ou alistamento" e que deveria ser aplicada a ativistas, palestrantes, editores, distribuidores de revistas, impressores ou meros assinantes. O resultado foi que Goldman, Berkman e muitos outros ativistas, editores, assinantes etc. foram presos no mesmo dia em que a lei foi assinada e até o dia do armistício, em novembro de 1918, todos os jornais anarquistas e socialistas dos EUA foram fechados, mais de 1.800 pessoas foram condenadas a longas sentenças por protestarem e resistirem à guerra, e pelo menos 6.000 críticos de guerra foram presos pelas leis federais, "enquanto as leis estaduais muitas vezes ainda mais duras encarceraram muito mais".[66] Da Liga da Não Conscrição foi formada a Liga da Anistia, cujos esforços — a despeito dos bons resultados que conseguiu angariar para muitos dos milhares de presos políticos em solo estadunidense — não foram capazes de evitar a deportação de Goldman e Berkman com outros 247 radicais para a Rússia, em dezembro de 1919.

Façamos aqui um adendo. É realmente triste que Goldman tenha ido direto dos EUA testemunhar na Rússia o nascimento do

65. Kathy E. Ferguson. "The anarchist anti-conscription movement in the USA", *op. cit.*, p. 205.
66. *Ibidem*, p. 207.

militarismo como baluarte do capitalismo de Estado bolchevique que, naquele momento, em vez de lançar os seus soldados contra os soldados de outras nações, despejava o seu poderio bélico, sem subterfúgios, contra o "inimigo interno": as suas massas eslavas despertas pela revolução, com destaque para os camponeses.[67]

Segundo a anarquista, "o processo de alienação da revolução ao qual as massas russas foram submetidas, teve início praticamente no mesmo instante em que Lênin e o seu Partido ascenderam ao poder" e foi continuado, como parte da tradição bolchevique, de uma forma ainda mais implacável e monstruosa por Stálin. No excerto abaixo, Goldman chama a atenção, de um lado, para a intensidade da violência aplicada no stalinismo contra as suas próprias massas nacionais (o terrorismo de Estado) e, de outro, para a força da oposição e ódio dessas massas contra o regime. O que parece indicativo de que, apesar de todos os esforços, o processo de alienação não foi completo:

A crueldade da sua violência [do Estado] é sempre proporcional ao grau de amargura e ressentimento impregnado nas massas. É por isso que há um terrorismo de Estado na Rússia Soviética bem maior do que em qualquer outro lugar do mundo civilizado de hoje; porque Stálin tem de submeter e escravizar um campesinato resistente de cem milhões de pessoas. É o ódio popular contra o regime que explica a

---

67. Goldman também chama a atenção para o fato de que a *raverstka*, a política de expropriação da produção dos camponeses pelo governo, introduzida por decreto em maio de 1918, para o fim de subsidiar o Exército Vermelho em guerra civil, levou à grande fome de 1921 e que o Primeiro Plano Plano Quinquenal de Stálin, que impôs a coletivização forçada das fazendas com o fim de aumentar a exportação para, com os recursos obtidos, investir na indústria pesada de equipamentos militares, provocou a fome de 1932. Observe-se que em ambos os casos é confirmada a relação entre militarismo e capitalismo (no caso, de Estado) elucidada por ela. É como se ao capitalismo de Estado russo — que então se formava com a nacionalização dos meios de produção e distribuição, num país majoritariamente agrário e não industrializado — só restasse a exploração extrema dos camponeses para com a mais valia investir no militarismo (e, para isso, na indústria) de modo a assegurar o próprio capitalismo de Estado e o seu crescimento. Como colocado por ela, o que os bolcheviques não previram foi a força com que os camponeses se oporiam aos seus planos.

magnitude da sabotagem industrial na Rússia, a desorganização do transporte após dezesseis anos de gerenciamento militar, a fome atroz no sul e sudeste — apesar das condições naturais favoráveis e a despeito das medidas severas para obrigar os camponeses a semear e colher; e inclusive a despeito do extermínio em massa e da deportação de mais de um milhão de camponeses para os campos de trabalho forçado.[68]

De acordo com a genealogia esboçada por Michael Löwy, a conflagração da Primeira Guerra, em julho de 1914, "provocou o desmoronamento catastrófico" do movimento internacionalista, "quando a grande maioria do movimento operário socialista foi submergida por uma imensa onda de histeria nacionalista e patrioteira, em nome da *defesa nacional*"; muito embora, segundo ele, o movimento tenha tomado mais uma vez fôlego, "apesar dos seus defeitos", com a Internacional Comunista sob a liderança de Lênin, até ser destruído pelo stalinismo, e ressurgir mais uma vez, paralelamente, na Quarta Internacional de Trótski.[69] Sem entrar no mérito de qual interpretação é a correta, fato é que Goldman não poderia concordar com uma sobrevida do internacionalismo em associação com o centralismo bolchevique, seja na figura de Lênin ou Trótski. O próprio nome, Internacional Comunista, já seria para ela uma farsa.

Se Löwy está em alguma medida certo, sob a perspectiva de Goldman, então o internacionalismo foi assassinado junto com os mortos da Primeira Grande Guerra, o preâmbulo da Segunda, e nunca mais ressuscitou. Isso para não falar do internacionalismo assassinado com os anarquistas na Guerra Civil Russa, ou com a destruição do seu movimento pelo governo dos EUA. Uma constatação que faz lembrar da sua declaração no último volume do *Mother Earth*, em julho de 1917, quando já havia sido condenada nas cortes estadunidenses pelo crime de traição: "Nós

---

68. "Não há comunismo na Rússia", p. 144.
69. Michel Löwy. "Por um novo internacionalismo". *Lutas sociais*, vol. *Greves na virada do século; debate: refazer a esquerda*, São Paulo, n. 5, pp. 97–106, 1998, p. 99.

permanecemos fiéis ao espírito do internacionalismo e à solidariedade entre todas as pessoas do mundo".

De fato. Quanto mais se adentra na vida e obra de Emma Goldman, mais é possível contemplar a beleza da coerência entre teoria e prática encarnada na Suma Sacerdotisa do Anarquismo, a mulher mais perigosa da América, que veio a se tornar a "mulher sem país", em permanente exílio, ao menos, talvez, até ser enterrada no cemitério de Waldheim, perto dos mártires de Chicago e demais anarquistas ilustres, como Voltairine de Cleyre. Conforme declarou no tribunal, ela se sempre se manteve fiel ao patriotismo americano, embora um patriotismo outro do que o proclamado nos tribunais, Estado e Forças Armadas. Nas palavras de Ferguson:

Em seu discurso ao júri no seu julgamento, Goldman insistiu que ela era uma inimiga do Estado, mas uma leal defensora da tradição das liberdades americanas expressa na *Declaração de Independência* e nos escritos de Thomas Jefferson, John Brown, Henry David Thoreau e Ralph Waldo Emerson.[70]

E aqui vale também citar uma passagem desse discurso de Goldman ao júri:

Mas não pode haver diferentes tipos de patriotismo, como existem diferentes tipos de liberdade? Conheço muitas pessoas — e eu sou uma delas — que não nasceram aqui, nem têm cidadania, e que mesmo assim amam a América com paixão mais profunda e intensa do que muitos nativos cujo patriotismo só se manifesta empurrando, chutando, e insultando aqueles que não se levantam quando o hino nacional é tocado.

Como enfatizado por Falk, a anarquista estava consciente da sua condição de mártir, inevitável a qualquer um que proponha, com seriedade, a luta de classes como única solução para o militarismo que conduz ao massacre universal. De todo modo, o martírio é nela consequência da sua condição de visionária. A

---

70. Kathy E. Ferguson. "The anarchist anti-conscription movement in the USA", *op. cit.*, p. 208.

urgência que Goldman deu ao problema do militarismo e da corrida armamentista — resultante, como colocado, da sua ligação com AIA, além de outros ativistas e grupos independentes — e que efetivamente lhe custou a deportação (além do aniquilamento do movimento anarquista pelo governo dos EUA) já não pode ser desconsiderada.[71]

Diante da sua compreensão de que, quando "o militarismo começar a ser minado, o capitalismo irá tremer",[72] é possível inferir que, embora não exatamente com as mesmas premissas, Goldman certamente concordaria com Löwy acerca da necessidade de "um novo internacionalismo":[73] anarquista.

Seja como for, de todas as estratégias apresentadas por ela nas linhas que seguem, possivelmente a mais interessante — no sentido de que a mais pontual ante a nossa situação nacional atual de guerra civil não declarada — diz respeito ao soldado. Pois Goldman, sob a perspectiva da sua orientação de extrema-esquerda, apresenta uma leitura ainda inovadora da condição do soldado, que no Brasil talvez não seja um erro estender à dos policiais militares, e uma estratégia de luta que, se está em curso, ainda vem sendo pouco discutida.

Segundo constata: "Apesar de todas as consequências negativas que o patriotismo traz para o homem comum, elas são absolutamente nulas quando comparadas ao ultraje e à injúria que o patriotismo inflige sobre o soldado".[74] Ou seja: as mais ultrajadas vítimas do patriotismo são os trabalhadores cuja força de trabalho é alegadamente utilizada para salvar o país e proteger a nação. Mas, ora, por quê?

71. Como se sabe, os gastos militares globais vêm crescendo há oito anos consecutivos, batendo recorde após recorde, até que agora já se tornou suficientemente claro para todo globo terrestre — confirmando a linha de raciocínio de Goldman — que se trata da escalada de uma cada vez mais palpável Terceira Grande Guerra.

72. "Preparação militar, o caminho para o massacre universal", p. 79.

73. Referência ao título do artigo de Löwy aqui referenciado: "Por um novo internacionalismo".

74. "Patriotismo: uma ameaça à liberdade", p. 74.

Em primeiro lugar, como já mencionado mais de uma vez, porque os indivíduos que chegam ao exército são, em geral, oriundos da "ralé social": o que justifica que sejam "tratados como gado" e recebam um ordenado miserável (com a vantagem de ser pelo menos estável), enquanto têm entre as funções do seu ofício de altíssima periculosidade, não só matar, como também morrer. Além disso, via de regra, são submetidos a condições de trabalho insuportavelmente insalubres (basta imaginarmos, por exemplo, as condições de trabalho dos nossos agentes penitenciários).

Em segundo lugar, a própria *formação* hierarquizante recebida por um soldado é, em si, absolutamente incompatível com os princípios de igualdade e liberdade que, segundo ela, configuram o cerne da tradição americana ou, se quisermos ampliar, de toda e qualquer nação democrática. Goldman resgata a declaração de um então destacado oficial da Guarda Nacional de Nova York, também um dos expoentes do Movimento de Preparação, o major-general O'Ryan, para trazer luz ao fato de que o objetivo da formação de um soldado é, sem nenhum disfarce, transformar um ser pensante numa máquina de obediência e lealdade, num *autômato*, isto é, num indivíduo cuja autonomia e iniciativa devem estar completamente destruídas para que assim possa exercer com rigor a sua mais alta função, que é ser comandado pelos seus superiores com uma máquina de morte na mão.[75] E eis aí o seu lamento de que o patriotismo ainda exigisse que parte da juventude de "uma República livre" fosse condenada ao destino de "bater continência para todo e qualquer tenente insignificante que passa" e de desperdiçar seus dias de primavera "polindo as botas e os botões de latão dos oficiais superiores", para não falar da guerra.[76]

Goldman considera que a própria vida militar, com as suas atribuições diárias, é fonte de profunda perversão do caráter (e, inclusive, da própria sexualidade — embora ela não desenvolva

75. "Preparação militar, o caminho para o massacre universal", p. 83.
76. "Patriotismo: uma ameaça à liberdade", p. 74.

esse aspecto tão bem) e que, por fim, torna o indivíduo inapto para qualquer função verdadeiramente construtiva para a sociedade. Pois, se "durante a paz", descreve com lucidez impressionante, o militarismo implica "uma vida de submissão servil, vício e perversão", durante a guerra, significa "uma vida de perigo, vulnerabilidade e morte". E é ao adquirir esse "hábito da ociosidade e o gosto pela emoção e aventura", que "nenhuma vida pacífica poderá mais contentá-los. Liberados do exército, eles já não podem se dedicar a qualquer trabalho útil", conclui.[77]

Ela também nega a função positiva consensualmente atribuída ao braço armado do Estado: assegurar a ordem e garantir o exercício e bom funcionamento dos direitos e deveres civis, a começar pela propriedade privada, por meio da repressão e punição contra a quebra desses contratos. Dada a sua própria perspectiva anarquista, preservar as instituições burguesas é preservar as instituições que protegem o pequeno número de pessoas que roubam e saqueiam as massas. Além disso, ela não poderia esquecer a função imprescindível do exército na repressão brutal às greves que marcaram os Estados Unidos do final do século XIX e início XX. O poder armado do Estado é localmente a força que aniquila o internacionalismo e espírito de solidariedade entre os trabalhadores, o único caminho em oposição ao massacre universal.

Possivelmente, a parte mais interessante dessa sua perspectiva é que, de um lado, ela reconhece a legitimidade da oposição dos trabalhadores conscientes da sua condição de exploração contra as classes diretamente representantes das forças repressivas do Estado: as classes armadas na sua totalidade. Nas suas palavras, "O trabalhador americano tem sofrido tanto nas mãos do soldado estadual e federal, que ele está mais do que justificado no seu desgosto e oposição para com o parasita uniformizado." Contudo, de outro lado, e esse é o aspecto realmente impressionante, ela também compreende que não é suficiente a simples denúncia dos abusos inerentes a um poder cuja função é matar.

77. *Ibidem*, p. 76, grifo meu.

Traduzindo para o nosso tempo: ela compreende que clamores públicos contra chacinas, por exemplo, são importantes, mas nem de longe capazes de evitá-las. E dá a receita de uma estratégia possivelmente mais eficaz do que a mera oposição contra as classes trabalhadoras que portam as armas:

O que precisamos é de uma propaganda educativa para o soldado: literatura antipatriótica capaz de esclarecê-lo sobre os horrores reais do seu ofício e de despertar a sua consciência para a verdadeira relação que ele possui com o homem que agride e a cujo trabalho deve a própria existência. Esse tipo de conscientização é o que as autoridades mais temem.[78]

É interessante observar que Goldman coloca como central, para o fortalecimento e continuidade do espírito internacionalista, a própria conscientização das classes armadas. Conscientização que ela vê como resultante do sentimento de solidariedade que deve ser estendido (em vez de antagonizado) àqueles que, segundo ela, são as pobres vítimas iludidas do patriotismo. Essa solidariedade, segundo nos conta, é capaz de despertar "até mesmo a consciência de soldados", porque já o fez antes. Caso dos soldados parisienses, durante a Comuna de 1871, que desobedeceram às ordens dos seus superiores de atirar na multidão insurgente e desertaram juntando-se a ela; caso dos marinheiros do Encouraçado Potemkin durante a Revolução Russa de 1905, ou ainda dos marinheiros que levaram a cabo a revolta de Kronstadt no início da autocracia bolchevique.

Acreditar em Goldman parece, assim, implicar em considerar sob uma outra perspectiva o relacionamento político da esquerda para com as classes armadas. Perspectiva que, se assumida na prática, como ela sabia muito bem, não é isenta de riscos. Não por acaso um soldado foi condenado por "crime semelhante à traição" simplesmente por assistir a uma de suas inúmeras audiências públicas e depois apertar a sua mão.

Não por acaso ela foi deportada e presa um sem-número de vezes por chegar a conclusões como essas. De todo modo, porque

78. "Patriotismo: uma ameaça à liberdade", p. 82, grifo meu.

"é bem provável que mais importante do que levar a verdade às fábricas, é levá-la aos quartéis", ensina a anarquista, "aqueles que lutam com sinceridade pela reconstrução da vida social podem muito bem arcar com o risco que envolve enfrentar tudo isso".[79]

Que possivelmente seja mais importante levar a consciência de classe aos quartéis do que às fábricas. É uma hipótese neste momento aparentemente bastante digna de ser levada em consideração.

A PEREGRINAÇÃO DE GOLDMAN ENTRE EUROPA E CANADÁ

A esses textos antimilitaristas segue-se um novo bloco de textos, escritos e publicados após a sua deportação dos EUA e deserção da Rússia, quando em peregrinação entre a Europa e o Canadá: uma tríade formada pelo posfácio do livro *Minha nova desilusão com a Rússia*, publicado em 1924, e pelos panfletos "Não há comunismo na Rússia", de 1935, e "Trótski protesta demais", de 1938. Uma riqueza comum aos três é conter, entre as suas premissas factuais particulares, relatos privilegiados em primeira pessoa de eventos centrais aos primórdios da história soviética, como, por exemplo, o comunismo de guerra, a grande fome soviética de 1921, a introdução da Nova Política Econômica, e a trágica, até hoje controversa, revolta dos marinheiros de Kronstadt: marco do momento em que os bolcheviques elevaram a categorização de *contrarrevolucionário* a uma política de extermínio que só se ampliou.

É curioso que ela coloque como estratégia tipicamente bolchevique uma das táticas que recentemente testemunhamos com a nova direita, potencializada pelos novos meios de comunicação: a máquina de moer reputações por meio da mentira deslavada e sistematicamente repetida e veiculada. Conforme escreve numa das passagens em que denuncia essa tática em específico: "Quão

---

79. "Patriotismo: uma ameaça à liberdade", p. 82.

bolchevique é esse tipo de atitude, que não apenas assassina os seus oponentes, como ainda mancha a sua reputação".[80]

Cada um dos textos sobre a Rússia se detém, de modo específico, sobre uma das entidades que compõem a Santíssima Trindade da autocracia soviética, respectivamente: Lênin, Stálin e Trostki. Nos dois textos escritos e publicados na década de 30 ("Não há comunismo na Rússia" e "Trótski protesta demais"), Goldman faz questão de deixar clara a linha de continuidade entre Lênin e Stálin, e Trótski e Stálin, em vez de uma aparente oposição, como pretendiam os leninistas, trotskistas e marxistas ocidentais que já não conseguiam ignorar as notícias das atrocidades vindas da URSS, com destaque para a política do Grande Expurgo iniciada em 1936 em que o "homem de aço" soviético[81] chegou ao paroxismo de ampliar o seu direito de vida e morte sobre as mais altas lideranças do Partido — e cujo caso mais dramático foi justamente o de Trótski que, como se sabe, terminou assassinado com um picador de gelo no meio do crânio por um agente soviético na Cidade do México, em agosto de 1940.

Inclusive, o texto "Trótski protesta demais", de 1938, consiste justamente na resposta de Goldman à polêmica sobre até que ponto o papel desempenhado por Trótski, anos antes, em 1921 — quando, na condição de comandante do Exército Vermelho, levou a cabo a aniquilação dos marinheiros de Kronstadt — havia sido um antecedente para o Grande Expurgo de Stálin ou a sua completa oposição. Como sugerido, Goldman não poderia ser mais direta na sua resposta: "Para dizer a verdade, eu não vejo nenhuma diferença significativa entre esses dois protagonistas do benevolente sistema ditatorial soviético, exceto que Leon Trótski não está mais no poder para fazer cumprir as suas bênçãos, ao passo que Josef Stálin está". Obviamente, ela reconheceu que nas mãos de Stálin a ditadura havia se tornado ainda mais monstruosa,

---

80. "Trótski protesta demais", p. 158.
81. Segundo se conta, Stálin, nome fantasia escolhido por Ióssif Djugachvili, significaria, em georgiano antigo, literalmente, homem de aço. Uma etimologia que, ao que parece, tampouco é verdade.

mas, para ela, o ponto era que isso não diminuía "a culpa de Leon Trótski como um dos principais atores no drama revolucionário do qual Kronstadt constituiu uma das cenas mais sangrentas".[82]

Em grande medida, podemos compreender a discordância que até hoje gira em torno da revolta de Kronstadt — sobre se foi um movimento revolucionário, como defenderam os anarquistas, ou contrarrevolucionário, como defenderam os comunistas — como resultado do fenômeno atualmente nomeado guerra de narrativas, mas que é conhecido, pelo menos, desde a época de Tucídides, o grande historiar grego do século V a. C. Em sua célebre *História da Guerra do Peloponeso*, Tucídides já distinguia entre as "razões reais" e as "razões declaradas" para se travar uma guerra. Em grande medida, Goldman no seu texto pretende ao dar voz aos marinheiros mortos de Kronstadt, fazer falar aqueles que, segundo ela, guardariam as "razões reais" para a revolta: o apoio aos grevistas de Petrogrado e "um acerto de contas" geral "com as promessas que foram quebradas tão logo os bolcheviques sentiram o seu poder suficientemente consolidado". E, se faz isso com riqueza de detalhes e dados, é também porque reconhece que o "comunista médio, seja da vertente de Trótski ou de Stálin, sabe tanto de literatura anarquista e de seus autores quanto, digamos assim, o católico médio sabe sobre Voltaire ou Thomas Paine".[83]

Com a autoridade de quem estava na Rússia no período da revolta, aproveita, uma vez que o texto foi originalmente publicado numa revista trotskista, para apresentar aos comunistas outros dados, distintos dos apresentados por Trótski e repetidos pelos seus seguidores. Por estar convencida do direito dos marinheiros de falarem por si, difamados pela máquina de propaganda soviética como contrarrevolucionários e traidores, é que reproduz longos trechos de declarações oficiais feitas por eles na época do confronto. Para a anarquista, não dar ao oponente o direito de resposta como faziam os bolcheviques era de um jesuitismo execrável.

82. "Trótski protesta demais", p. 149.
83. *Ibidem*, p. 151.

Seja como for, é realmente perturbador constatar que muitas das autoridades bolcheviques envolvidas na liquidação dos marinheiros de Kronstadt — não só Trótski, como também Grigori Zinoviev, Lev Kamenev, Nikolai Kuzmin, Mikhail Tukhachevski e Pavel Dibenko, para mencionar apenas alguns dos nomes citados por ela — tenham sido depois condenadas à execução, no contexto do Grande Expurgo, pelo mesmo crime a que haviam anos antes condenado os marinheiros: traição contrarrevolucionária.

Parece até uma espécie de confirmação macabra do nosso ditado popular: "quem com ferro fere, com ferro será ferido". Se atualizado para esta nossa Era geológica do Antropoceno, poderá converter-se em algo do tipo: quem com bomba atômica explodir, com bomba atômica será explodido.[84]

Foi no ano de 1940, sob os vapores iniciais da Segunda Grande Guerra, que ela publicou o último texto aqui disposto, o que dá nome à coletânea, "O indivíduo, a sociedade e o Estado", e morreu, no dia 14 de maio, na cidade de Toronto, Canadá. Onde, após uma longa peregrinação, finalmente decidiu estabelecer residência, pouco antes, em 1939. De todos os textos da presente coletânea, pode-se dizer que esse é o mais cheio de lirismo. É realmente de alegrar o coração que ela tenha conseguido até o fim dos seus dias permanecer com a sua utopia, em plena adequação entre teoria e prática.

84. Curioso observar que esse nosso ditado popular é uma derivação de uma passagem dos evangelhos, em que Jesus tenta dissuadir os seus discípulos de resistirem, por meio da força, contra os soldados romanos, à sua prisão: "Então Jesus disse-lhe: *Embainha a tua espada; porque todos os que lançarem mão da espada, à espada morrerão*" (Mateus 26:52).

O indivíduo, a sociedade
e o Estado

Patriotismo: uma ameaça à liberdade[1]

O que é patriotismo? É o amor pelo local de nascimento, pelo local das recordações, das esperanças, dos sonhos e aspirações da infância? É o local onde, ainda dotados de ingenuidade infantil, teríamos observado as nuvens passageiras e devaneado sobre o porquê de nós, como elas, não podermos correr tão rapidamente? É o lugar onde teríamos contado bilhões de estrelas cintilantes, aterrorizados pelo medo de que cada uma *fosse um olho* a perscrutar o mais profundo das nossas pequeninas almas? É o local onde teríamos ouvido a música dos pássaros e ansiado ter, também como eles, asas para voar até as terras mais distantes? Ou é o lugar onde, outrora, sentados no colo da nossa mãe, teríamos nos extasiado com histórias fantásticas de grandes feitos e conquistas? Em suma: é a localidade em que cada centímetro representa as lembranças queridas e preciosas de uma infância feliz, alegre e lúdica?

Se isso fosse patriotismo, atualmente, poucos americanos poderiam ser chamados de patriotas, uma vez que o lugar das brincadeiras foi transformado em fábrica, usina e mina, ao mesmo tempo em que os sons ensurdecedores das máquinas substituíram a música dos pássaros. Tampouco ainda se ouvem histórias sobre grandes feitos, já que as histórias contadas pelas nossas mães, nos dias de hoje, são somente sobre tristezas, lágrimas e pesar.

1. Quinto capítulo do livro *Anarchism and other essays*, coletânea de ensaios publicada por Goldman em 1910. Uma primeira versão foi publicada, sob a forma de panfleto, pela *Mother Earth Association*, em 1908.

O que é, então, o patriotismo? "O patriotismo, senhor, é o último recurso de um patife", disse o dr. Johnson.[2] Lev Tolstói, o maior antipatriota do nosso tempo, define o patriotismo como o princípio que justifica o treinamento de assassinos em grande escala;[3] um negócio que exige os melhores equipamentos para o exercício de matar seres humanos, em vez de exigi-los para a fabricação de coisas básicas como sapatos, roupas e casas; um negócio que garante melhores retornos financeiros e uma glória muito maior do que no caso de um trabalhador médio.

Gustave Hervé, outro grande antipatriota, considera, com justiça, o patriotismo uma superstição — só que muito mais nociva, brutal e desumana do que a religião.[4] A superstição da religião foi originada da incapacidade dos seres humanos de explicar os fenômenos naturais. Ou seja, quando ouvia um trovão ou via um relâmpago, o homem primitivo não sabia explicar nenhum dos dois e foi daí que concluiu que ambos deveriam

2. Declaração de Samuel Johnson (1709–1784), escritor e lexicógrafo inglês.
3. Tolstói desenvolve essa ideia justamente nos seus escritos sobre o *sentimento* do patriotismo. Como nos ensaios "Cristianismo e patriotismo" (1894) e "Patriotismo e governo" (1900), além da carta aberta "Patriotismo ou paz?" (1896), publicada no jornal britânico *Daily Chronicle*. Nela, a pedido do jornalista John Manson, Tolstói expressa suas opiniões acerca do conflito entre a Grã-Bretanha e os Estados Unidos no tocante às fronteiras da Venezuela — a chamada Crise Venezuelana de 1895–1899.
4. No ensaio "Cristianismo e patriotismo", Tolstói também compreende o patriotismo e a religião como formas de superstição. Já Gustave Hervé (1871–1944), como sugerido por Goldman, era um socialista, internacionalista e antimilitarista radical; foi preso diversas vezes, entre 1906 e 1912, por conta de suas atividades, ideias políticas e, sobretudo, pela criação do *Herveísmo*, um movimento antimilitarista. Entretanto, pouco antes do advento da Primeira Guerra Mundial, Hervé se revelou um nacionalista católico cada vez mais extremo, a ponto de fundar um partido de extrema-direita na França em 1919, o *Parti socialiste national*, que em 1925 foi rebatizado como *Parti de la Republique autoritaire* — uma oscilação absoluta entre os extremos da militância política que, até hoje, historiadores e pensadores políticos tentam explicar. Pouco antes de morrer, Hervé descreveu a si mesmo no seu jornal *La Victorie* (intitulado, na época de sua militância de extrema-esquerda, *La Guerre Sociale*) como, paradoxalmente, o primeiro fascista e o primeiro bolchevique.

ser oriundos de uma força muito maior do que ele mesmo. Da mesma forma, ele via a chuva e as várias intempéries da natureza como expressões de forças sobrenaturais. O patriotismo, por outro lado, é uma superstição artificialmente criada e mantida por meio de uma rede de mentiras e falsidades; uma superstição que rouba ao homem o autorrespeito e a dignidade, e lhe aumenta a arrogância e vaidade.

Na verdade, a vaidade, a arrogância e o egoísmo são os elementos essenciais do patriotismo. Permitam-me ilustrar. O patriotismo toma como pressuposto que o globo terrestre está dividido em pequenas localidades, cada uma cercada por uma grade de ferro. Aqueles que tiveram a sorte de nascer numa determinada localidade consideram-se melhores, mais nobres e grandiosos, mais inteligentes do que qualquer ser vivo que habite outra. Assim, lutar, matar e morrer são deveres de todos os que vivem no local supostamente escolhido por Deus, na tentativa de impor a sua superioridade sobre os demais.

Os habitantes das outras localidades raciocinam da mesma maneira, é claro, e o resultado é que, desde a primeira infância, a mente da criança é envenenada com histórias horripilantes sobre alemães, franceses, italianos, russos etc. Quando a criança atinge a idade adulta, já está completamente saturada da crença de que foi escolhida pelo próprio Senhor para defender o *seu* país contra um ataque ou invasão estrangeiros. É em nome desse propósito que exigimos um exército e marinha maiores, mais navios de guerra e munições. Foi com esse propósito que a América gastou, recentemente, num curto período, quatrocentos milhões de dólares. Pensem nisto por um momento: quatrocentos milhões de dólares foram retirados do que foi produzido por todo *um povo*. Pois é óbvio que não são os ricos que pagam pelo patriotismo. Eles são cosmopolitas, sentem-se perfeitamente em casa em qualquer país. Nós na América sabemos bem o quão verdadeiro é isso. Os nossos ricos americanos não são franceses na França, alemães na Alemanha e ingleses na Inglaterra? Não são eles que esbanjam, com aquela graça cosmopolita, as fortunas geradas pelas crianças nas fábricas e pelos escravos nas plantações de algodão? Sim, é o patriotismo dos ricos que torna aceitável enviar mensagens de condolências a um déspota — como, por exemplo, para um czar — quando algum contratempo recai sobre ele, como fez o presidente Roosevelt em nome do *seu* povo, quando Serguei foi assinado pelos revolucionários russos.[5]

É o patriotismo que ajudará o arquiassassino, Díaz, a aniquilar milhares de vidas no México, que prenderá os revolucionários mexicanos em solo americano e que garantirá que permaneçam encarcerados nas prisões americanas, sem que haja qualquer motivo ou razão.[6]

Porque, afinal de contas, o patriotismo não diz respeito àqueles que detêm a riqueza e o poder, mas, sim, ao povo. O que

5. O grão-duque Serguei Alexandrovich Romanov (1857–1905), quarto filho do czar Alexandre II e tio do então czar Nicolau II, foi morto por uma bomba de nitroglicerina lançada na sua carruagem por Ivan Kaliáiev, poeta e membro do Partido Socialista-Revolucionário — que foi preso na cena do crime e, posteriormente, condenado à morte. Como era praxe entre os revolucionários radicais russos da época, adeptos da chamada *propaganda pelo feito*, Kaliáiev estava ciente do preço que teria de pagar. Vale mencionar que esse evento veio a ensejar a peça teatral *Os justos*, de Albert Camus, em 1949. Quanto às condolências enviadas por Roosevelt ao czar Nicolau II pelo assassinato de seu tio, sequer foram bem-vistas pelos seus apoiadores políticos, caso do juiz Herman C. Kudlich, que causou furor ao denunciar em alto e bom som, num encontro da liga de republicanos progressistas da cidade de Nova York (*National Roosevelt League of New York*), em fevereiro de 1905, que as condolências enviadas por Roosevelt "não ecoavam o coração do povo americano". Inclusive, foi além e declarou que, se estivesse nas condições do povo russo, ele também teria jogado uma bomba nos autocratas.

6. A Revolução Mexicana estourou em 1910 — dois anos depois da primeira versão do presente escrito —, quando o general e ditador Porfirio Díaz (1830–1915) se encontrava na presidência do México desde 1884. O governo dos Estados Unidos mantinha boas relações com o ditador, que garantia a *estabilidade* de seu país e, com ela, o investimento estrangeiro. Com o crescimento das turbulências que vieram a ensejar a revolução, Díaz, a despeito dos interesses do governo dos EUA, foi obrigado a renunciar e, em 1911, encontrou exílio político em Paris, onde morreu. De fato, conforme previsto por Goldman, o *patriotismo* estadunidense interferiu ao longo de toda a Revolução Mexicana (1910–1920) e, obviamente, não a favor dos revolucionários.

lembra a sabedoria histórica de Frederico, o Grande, amigo do peito de Voltaire, que disse: "A religião é uma fraude, mas deve ser mantida para as massas".

Depois de considerar as seguintes estatísticas, ninguém duvidará que o patriotismo é, na verdade, uma instituição bem cara. O aumento progressivo das despesas dos principais exércitos e marinhas do mundo durante o último quarto de século é um fato com gravidade suficiente para alarmar qualquer estudioso de economia minimamente sério. Um problema que pode ser indicado, com brevidade, ao se dividir o período de 1881 a 1905 em intervalos de cinco anos, de modo a observar o quanto, do primeiro ao último desses intervalos, algumas das grandes nações desembolsaram para os fins do exército e da marinha. Do primeiro ao último dos intervalos observados, as despesas da Grã--Bretanha aumentaram de $ 2.101.848.936 para $4.143.226.885; as da França, de $3.324.500.000 para $3.455.109.900; as da Alemanha, de $725.000.200 para $2.700.375.600; as dos Estados Unidos, de $1.275.500.750 para $2.650.900.450; as da Rússia, de $ 1.900.975.500 para $5.250.445.100; as da Itália, de $1.600.975.750 para $1.755.500.100; e as do Japão, de $182.900.500 para $700.925.475.

Os gastos militares de cada uma das nações mencionadas acima aumentaram progressivamente nos intervalos de cinco anos aqui sob escrutínio. Durante todo o período de 1881 a 1905, o orçamento da Grã-Bretanha para seu exército quadruplicou, o dos Estados Unidos triplicou, o da Rússia dobrou, o da Alemanha aumentou em 35%, o da França em cerca de 15% e o do Japão em quase 500%. Se compararmos os gastos dessas nações para com seus exércitos em relação com o total das suas despesas, ao longo desses vinte e cinco anos que vão até 1905, veremos que a proporção aumentou da seguinte forma: na Grã-Bretanha, ela subiu de 20% para 37%; nos Estados Unidos, de 15% para 23%; na França, de 16% para 18%; na Itália, de 12% para 15%; no Japão, de 12% para 14%.

Por outro lado, é interessante observar que a proporção na Alemanha diminuiu de cerca de 58% para 25%, uma diminuição decorrente do aumento enorme das despesas imperiais para outros fins, não obstante, no último intervalo, o de 1901 a 1905, o seu orçamento destinado ao exército tenha sido o maior de todos os intervalos de cinco anos anteriores. As estatísticas demostram, ainda, que os países cujos gastos militares são proporcionalmente maiores em relação às receitas nacionais totais são Grã-Bretanha, Estados Unidos, Japão, França e Itália, nessa ordem.

As verbas destinadas às grandes marinhas são igualmente impressionantes. Ao longo dos vinte e cinco anos até 1905, as receitas navais aumentaram aproximadamente da seguinte forma: na Grã-Bretanha, 300%; na França, 60%; na Alemanha, 600%; nos Estados Unidos, 525%; na Rússia, 300%; na Itália 250%; e no Japão, 700%. Com exceção da Grã-Bretanha, os Estados Unidos gastam mais com suas marinhas do que qualquer outra nação, e essa despesa também representa uma proporção maior no total dos gastos nacionais do que no caso de qualquer outra potência. No período de 1881 a 1885, as despesas da marinha dos Estados Unidos eram de $ 6,20 para cada $100 disponibilizados a todos os fins nacionais; o valor subiu para $ 6,60 no período seguinte de cinco anos, para $ 8,10 no subsequente, para $ 11,70 no posterior e para $ 16,40 no último período, de 1901 a 1905. É praticamente certo que esses valores, no atual intervalo de cinco anos, aumentarão ainda mais.

O custo crescente imposto pelo militarismo pode ser também ilustrado ao computá-lo como taxa per capita sobre a população. Do primeiro ao último dos intervalos de cinco anos aqui tomados como base para as comparações, esse custo aumentou da seguinte forma: na Grã-Bretanha, de $18,47 para $52,50; na França, de $19,66 para $23,62; na Alemanha, de $10,17 para $15,51; nos Estados Unidos, de $5,62 para $13,64; na Rússia, de $6,14 para $8,37; na Itália, de $9,59 para $11,24; e no Japão de 86 centavos para $3,11.

É através dessa estimativa do custo per capita que o fardo econômico imposto pelo militarismo se mostra mais visível. A conclusão inevitável a que se chega a partir dos dados disponíveis é que o aumento das despesas com o exército e a marinha está rapidamente ultrapassando o crescimento da população em cada um dos países considerados no presente cálculo. Em outras palavras, o aumento contínuo das demandas do militarismo ameaça cada uma das nações com um esgotamento progressivo tanto de homens, quanto de recursos.

O desperdício terrível que o patriotismo exige deveria ser suficiente para curar dessa doença até mesmo o homem de inteligência mediana. Em vez disso, porém, o patriotismo impõe exigências ainda maiores. As pessoas são incitadas a serem patriotas e pagam por esse luxo, não apenas sustentando financeiramente os seus *defensores*, mas também com o sacrifício dos seus próprios filhos. O patriotismo exige lealdade à bandeira, o que significa obediência e prontidão para matar pai, mãe, irmão, irmã.

A alegação usual é que precisamos de um exército permanente para proteger o país de uma invasão estrangeira. Todo homem e mulher inteligente sabe, no entanto, que isso é um mito mantido com o intuito exclusivo de assustar e coagir os ignorantes. As autoridades do mundo conhecem muito bem os interesses umas das outras e não se invadem. Elas aprenderam que podem ganhar muito mais com a arbitragem internacional nas disputas do que com a guerra e a conquista. Na verdade, como bem disse Carlyle, "a guerra é uma briga entre dois ladrões covardes demais para lutar na própria batalha; por isso, eles arrancam jovens rapazes de diferentes aldeias para enfiá-los em uniformes, equipá-los com armas e, por fim, soltá-los como bestas selvagens uns contra os outros".[7]

7. Embora entre aspas, a passagem foi elaborada por Goldman. Trata-se de uma síntese de seu entendimento acerca de um trecho da obra *Sartor Resartus: vida e opiniões de Herr Teufelsdröckh* (1836), do escritor escocês Thomas Carlyle. Numa conferência de 1900, intitulada "O efeito da guerra sobre os trabalhadores", Goldman cita a passagem na íntegra.

Não é preciso muita sabedoria para encontrar a mesma causa para toda e qualquer guerra. Vejamos o caso da Guerra Hispano--Americana, supostamente um acontecimento grandioso e patriótico da história dos Estados Unidos. Como os nossos corações arderam de indignação contra os atrozes espanhóis! É verdade que essa nossa indignação não surgiu espontaneamente. Foi alimentada por meses de agitação promovida pela imprensa, e isso bem depois de o açougueiro Weyler ter matado muitos nobres cubanos e estuprado muitas mulheres cubanas.[8] Em justiça à nação americana, que seja dito, porém, que ela cresceu em indignação, colocou-se disposta à luta e lutou bravamente. Mas quando a poeira abaixou, os mortos foram enterrados, e o custo da guerra retornou para o povo como aumento no preço de mercadorias e aluguéis — isto é, quando ficamos sóbrios da nossa farra patriótica, de repente, caiu a ficha de que a causa da guerra hispano-americano dizia respeito ao preço do açúcar; ou, para ser mais explícita, caiu a ficha de que as vidas, o sangue e o dinheiro do povo americano foram usados para proteger os interesses dos capitalistas americanos, então ameaçados pelo governo espanhol. Que isso não seja um exagero, mas uma compreensão baseada em fatos e valores inquestionáveis, é melhor comprovado pela atitude do governo americano para com a mão-de-obra cubana.

8. Valeriano Weyler (1838–1930), general espanhol, foi nomeado capitão-geral de Cuba em fevereiro de 1896. Weyler foi designado para o cargo com a tarefa de conter as insurreições cubanas pela independência — conhecidas como Guerra de Independência Cubana —, que desembocaram na Guerra Hispano-Americana, quando os Estados Unidos entraram no conflito contra a Espanha e, supostamente, a favor de Cuba. O chamado jornalismo amarelo (ou sensacionalista), que apelidou Weyler de *o açougueiro*, conforme aqui aludido por Goldman, foi o principal responsável por gerar a enorme comoção na opinião pública estadunidense para com o sofrimento do povo cubano, o que exerceu grande pressão para a entrada dos Estados Unidos na guerra. A ironia apontada por Goldman é que Weyler deixou Cuba em 1897, antes da comoção pública para com as suas crueldades e, por conseguinte, antes da entrada dos Estados Unidos no conflito, em abril de 1898. Vale mencionar que, na Espanha, o general Weyler prosseguiu com sua carreira militar bem-sucedida — foi, por exemplo, nomeado Ministro da Guerra em mais de uma ocasião.

Quando Cuba estava finalmente nas garras dos Estados Unidos, os mesmos soldados enviados para libertar Cuba receberam ordens para atirar em trabalhadores cubanos durante a grande greve nas fábricas de charutos, que teve lugar logo após a guerra.

Não somos os únicos a entrar em guerra por causas como essas. A cortina de fumaça que encobriu os motivos da terrível guerra russo-japonesa — uma guerra que custou muito sangue e muitas lágrimas —, está começando a se esvair.[9] E o que vemos novamente por trás do feroz Moloch da guerra é o deus ainda mais feroz do Comercialismo. Kuropatkin, o Ministro da Guerra da Rússia durante a batalha russo-japonesa, revelou o verdadeiro segredo por trás dela.[10] O czar e seus grão-duques investiram seu dinheiro em concessões coreanas; a guerra foi declarada com o propósito único de acumular rapidamente grandes fortunas.

A alegação de que um exército e uma marinha permanentes constituem a melhor forma de assegurar a paz é tão lógica quanto a afirmação de que o cidadão mais pacífico é aquele que anda mais fortemente armado. A experiência da vida cotidiana comprova que um indivíduo armado se sente invariavelmente ansioso para testar sua força. O que é uma verdade histórica também no que diz respeito aos governos. Países realmente pacíficos não desperdiçam a vida e energias em preparativos para guerra, e o resultado é que, com isso, a paz é realmente garantida.

---

9. Dito de modo superficial, a Guerra Russo-Japonesa (1904–1905) foi deflagrada devido aos interesses expansionistas de ambas as nações, Rússia e Japão, sobre a Manchúria e a Coreia.

10. Na verdade, o general Aleksei Kuropatkin teve de renunciar ao cargo de Ministro da Guerra, quando nomeado comandante do exército russo na Guerra Russo-Japonesa. O governo atribuiu a derrota vexatória da Rússia exclusivamente ao seu desempenho. Aqui, Goldman refere-se à versão acerca da guerra de Kuropatkin, cujos escritos, segundo noticiado por jornais estadunidenses em dezembro de 1906, teriam sido confiscados pelo governo russo. Uma tradução para a língua inglesa da obra, em dois volumes (que corresponderiam ao final do volume 3 e ao volume 4 do original russo), foi publicada em Londres e Nova York, em 1909, sob o título *O exército russo e a guerra japonesa*.

A reivindicação por um exército e marinha cada vez mais fortes não se deve a nenhum perigo estrangeiro. É causada pelo temor do crescente descontentamento das massas e do desenvolvimento do espírito internacionalista entre os trabalhadores. É para enfrentar o inimigo interno que os Poderes de diversos países estão se preparando; um inimigo que, uma vez tendo despertado a sua consciência, mostrar-se-á mais perigoso do que qualquer invasor estrangeiro.

Os poderes que durante séculos escravizaram as massas desenvolveram um estudo bastante completo da sua psicologia. Eles sabem que as pessoas, de modo geral, são como crianças cujo desespero, tristeza e lágrimas podem ser transformados em alegria com um simples brinquedinho. Assim como sabem que quão mais belamente o brinquedo esteja adornado, quão mais vibrantes forem suas cores, maior será o apelo que exercerá sobre essa criança formada por milhões de pessoas.

O exército e a marinha são os brinquedos do povo. Para torná-los mais atraentes e aceitáveis, centenas de milhares de dólares estão sendo gastos na exibição desses brinquedos. Esse foi o propósito do governo americano ao equipar toda uma frota e enviá-la para a costa do Pacífico: para que todos os cidadãos americanos pudessem sentir orgulho pelos Estados Unidos, pudessem sentir a sua glória.[11] A cidade de São Francisco gastou cem mil dólares com o entretenimento da frota; Los Angeles, sessenta mil; Seattle e Tacoma, cerca de cem mil. Para entreter a

11. Referência à *Great White Fleet* (Grande Frota Branca), um conjunto de dezesseis navios de guerra estadunidenses que, entre dezembro de 1907 e fevereiro de 1909, circunavegaram o globo terrestre, visitando amigavelmente diversos países e continentes. Parece um consenso entre os historiadores que a frota, concebida pelo então presidente Theodore Roosevelt, tinha como objetivo central intimidar o Japão após a vitória do país na Guerra Russo-Japonesa, especialmente no que dizia respeito às colônias estadunidenses na Ásia, adquiridas da Espanha quando os EUA venceram a Guerra Hispano-Americana. Porém, segundo o relato de Roosevelt na sua autobiografia, o objetivo da frota teria sido impressionar o povo estadunidense — objetivo que, como o presente texto confirma, foi plenamente atingido.

frota, disse eu? Sim, para entreter com jantares e vinhos alguns oficiais superiores, enquanto os *bravos rapazes* tinham de se amotinar para conseguir comida suficiente. Sim, duzentos e sessenta mil dólares foram gastos com fogos de artifício, espetáculos, jantares e festas, no tempo em que homens, mulheres e crianças estavam por todo o país morrendo de fome nas ruas; quando milhares de desempregados estavam prontos para vender a sua força de trabalho a qualquer preço.

Duzentos e sessenta mil dólares! O que não poderia ter sido realizado com uma soma tão grandiosa quanto essa? Mas em vez de pão e abrigo, as crianças das nossas cidades foram levadas para ver a frota, de modo que tal imagem pudesse se converter, conforme expresso por um jornal, "numa memória duradoura".

Uma coisa verdadeiramente maravilhosa para se lembrar, não acham? Os instrumentos da matança civilizada. Se a mente da criança for envenenada com tais memórias, que esperança pode haver para a efetiva realização da fraternidade humana?

Nós, americanos, nos definimos como um povo amante da paz. Odiamos o derramamento de sangue; nos opomos à violência. No entanto, temos espasmos de alegria com a possibilidade de lançar, de máquinas voadoras, bombas de dinamite sobre cidadãos indefesos. Estamos prontos para enforcar, eletrocutar ou linchar qualquer pessoa que, pela necessidade econômica, arrisque a própria vida num atentado contra algum magnata da indústria.[12] Os nossos corações se enchem de orgulho ante o pensamento de que a América está se tornando a nação mais poderosa da terra, e que eventualmente esmagará com seu pé de ferro os pescoços de todas as outras nações.

Tal é a lógica do patriotismo.

12. Referência indireta à situação de Alexander Berkman, que na ocasião se encontrava preso pela tentativa malsucedida de assassinar Henry Clay Frick, o *magnata da indústria*, em 1891, como forma de retaliação à chacina ordenada por Frick contra trabalhadores em greve. Goldman teve o seu nome envolvido no atentado, mas foi liberada por falta de provas.

Apesar de todas as consequências negativas que o patriotismo traz para o homem comum, elas são absolutamente nulas quando comparadas ao ultraje e à injúria que o patriotismo inflige sobre o soldado — a pobre e iludida vítima da superstição e ignorância. Ele, o salvador de seu país, o protetor de sua nação — o que o patriotismo reservou para ele? Durante a paz, uma vida de submissão servil, vício e perversão; durante a guerra, uma vida de perigo, vulnerabilidade e morte.

Recentemente, durante o período em que me encontrava em São Francisco para uma turnê de palestras, visitei o seu presídio, o local com a vista mais bonita para a baía e para o Parque Golden Gate.[13] Deveríamos encontrar ali quadras de jogos para crianças, jardins e música para a recreação da população. Em vez disso, há apenas casernas feias, opacas e cinzas — casernas onde os ricos não permitiriam que os seus cães vivessem. Nesses miseráveis barracões, os soldados são tratados como gado; ali eles desperdiçam os seus dias de juventude, polindo as botas e os botões de latão dos oficiais superiores. Ali, também, pude observar as diferenças de classe: filhos robustos de uma República livre, alinhados como condenados a bater continência para todo e qualquer tenente insignificante que passa. A igualdade americana degradando a hombridade e exaltando o uniforme!

Além disso, a vida na caserna tende a ser propícia ao desenvolvimento de inclinações sexuais perversas. Gradualmente, resultados semelhantes estão sendo produzidos, inclusive, em meio às condições dos militares europeus. Havelock Ellis, o notável escritor de psicologia sexual, fez um estudo aprofundado do assunto.[14] Cito:

13. Em 1934, essa prisão militar, localizada na ilha de Alcatraz, deu lugar à lendária penitenciária de segurança máxima que levou o nome da ilha, a *Alcatraz Federal Penitentiary*. Atualmente, a ilha foi transformada em parque nacional e museu, e é uma das maiores atrações turísticas de São Francisco.
14. Menção ao livro de Henry Havelock Ellis (1859–1939) *Studies in the Psychology of Sex: Sexual Invertion* (1900). Para evitar mal-entendidos, é importante ter em mente que o estudo de Ellis acerca da homossexualidade — o primeiro

Alguns quartéis são verdadeiros bordéis de prostituição masculina [...] O número de soldados que se prostituem é maior do que estamos dispostos a acreditar. Não é exagero dizer que em certos regimentos é possível presumir a venalidade da parte da maioria dos homens [...] As noites de verão no Hyde Park e nas vizinhanças do Albert Gate estão sempre cheias de guardas e outros indivíduos num comércio bastante animado — e, isso, sem que busquem disfarçar muito, estejam com uniforme ou sem... Na maioria dos casos, esses rendimentos constituem um extra bastante conveniente à mesada do soldado.[15]

Pode-se avaliar até que ponto essa perversão foi capaz de corroer o exército e a marinha, pelo fato de que casas especiais existem exclusivamente para essa forma de prostituição. Trata-se de uma prática que não se limita à Inglaterra: é universal. "Os soldados não são menos procurados na França do que na Inglaterra ou na Alemanha, e casas especiais para prostituição militar existem tanto em Paris quanto nas guarnições."

Se o sr. Havelock Ellis tivesse incluído a América em sua investigação sobre esse tipo de perversão sexual, ele teria descoberto que, como nos outros países, essas mesmas condições se fazem ver no nosso exército e marinha. É inevitável que com o cresci-

---

estudo de um médico sobre o assunto publicado em língua inglesa — divergia completamente da opinião e da moralidade correntes na época, uma vez que Ellis compreendeu a homossexualidade como expressão natural do instinto sexual — por isso, segundo ele, a sua manifestação nas mais variadas culturas humanas e espécies animais — e que, portanto, nada teria de condenável. Não é preciso dizer que o livro, considerado obsceno, enfrentou grande oposição. A crítica exposta por Goldman não é jamais uma crítica à homossexualidade ou aos homossexuais. Ao longo de sua vida, ela se opôs de modo implacável e ativo contra todas as formas de repressão sexual, deu diversas palestras sobre a temática da homossexualidade, caso de sua defesa de Oscar Wilde, e era muito querida na comunidade homossexual. Conforme afirma no texto "Louise Michel, uma refutação", a sua própria condição de anarquista a colocava necessariamente ao lado de todos os perseguidos e, com isso, ao lado dos homossexuais e transexuais. Portanto, a crítica aqui é dirigida contra a hipocrisia em relação à homossexualidade e à prostituição presente entre os militares, conforme o estudo apresentado por Ellis.
15. Embora citado diretamente, o excerto foi levemente modificado por Goldman.

mento do exército permanente aumente também a disseminação da perversão sexual; os quartéis são as incubadoras.

Além dos efeitos sobre a sexualidade, a vida nos quartéis tende a tornar o soldado inapto a qualquer trabalho útil depois de deixar o exército. É verdade que, raramente, indivíduos habilidosos num determinado ofício entram no exército ou na marinha; mas, quando entram, depois da experiência militar, estão completamente incapacitados para o desempenho das suas ocupações anteriores. Ao adquirir o hábito da ociosidade e o gosto pela emoção e aventura, nenhuma vida pacífica poderá mais contentá-los. Liberados do exército, eles já não podem se dedicar a qualquer trabalho útil. De modo geral, a ralé social, presos dispensados e outras categorias do gênero são levadas até as fileiras, quer por conta da luta pela sobrevivência, quer por inclinação. Assim, uma vez dispensados do serviço militar, eles retornam à vida do crime, mais brutalizados e degradados do que antes. É do conhecimento geral que há, nas nossas prisões, um bom número de ex-soldados; ao mesmo tempo que, de outro lado, o exército e a marinha são em grande medida compostos de ex-presidiários.

Dentre todos os resultados negativos que descrevi, nenhum me parece tão pernicioso à integridade humana quanto aquele que o espírito do patriotismo produziu no caso do soldado raso William Buwalda. Porque ele ingenuamente acreditou que poderia ser um soldado e, ao mesmo tempo, exercitar seus direitos de homem livre, as autoridades militares o puniram severamente. É verdade que ele serviu o seu país por quinze anos, e que o seu histórico era irrepreensível. Segundo o general Funston, que reduziu a sentença de Buwalda para três anos, "o primeiro dever de um oficial ou soldado é a obediência e lealdade absolutas ao governo, quer ele esteja de acordo com esse governo ou não". Com essa declaração, Funston definiu o verdadeiro caráter da lealdade. Segundo ele, a entrada no exército implica a revogação dos princípios da Declaração de Independência.

Quão estranho é o desenvolvimento do patriotismo, cujo fito é transformar um ser pensante numa máquina de lealdade!

De modo a justificar a sentença absurda proferida contra Buwalda, o general Funston disse ao povo americano que a ação do soldado foi "um crime de gravidade igual ao de traição". Ora, em que realmente consistiu esse *crime terrível*? Simplesmente nisto: William Buwalda era um entre as mil e quinhentas pessoas que participaram de uma reunião pública em São Francisco; e, o horror dos horrores: ele apertou a mão da oradora, Emma Goldman. Um crime, de fato, terrível, que o General chama de "uma grande ofensa contra os militares, infinitamente pior do que a deserção".[16]

Pode haver uma acusação maior contra o patriotismo do que a de rotular um homem como criminoso, jogá-lo na prisão e roubar-lhe os frutos de quinze anos de lealdade no serviço?

Buwalda deu ao seu país os melhores anos da sua vida e inclusive a sua hombridade. Mas isso não foi suficiente. O patriotismo é implacável e, como todos os monstros insaciáveis, exige tudo ou nada. Não pode admitir que um soldado seja também um ser humano, que tenha direito aos seus sentimentos e opiniões, às suas inclinações e ideias próprias. Não, o patriotismo não pode admitir isso. Essa foi a lição que Buwalda teve de aprender; teve de aprender a um preço bastante alto, embora não tenha sido inútil. Quando ele foi devolvido à liberdade, havia perdido o seu posto no exército, mas é certo que recuperou o respeito pela sua própria pessoa. No final das contas, isso lhe custou três anos de prisão.[17]

16. Em 1908, o soldado William Buwalda assistiu uniformizado a uma conferência de Goldman, justamente, sobre o patriotismo. O fato de, após a conferência, ter apertado a mão de Goldman, rendeu-lhe, como ela narra, um julgamento na corte marcial pelo crime de traição e a condenação a cinco anos de trabalhos forçados no então presídio militar de Alcatraz — sentença que, conforme ela também menciona, foi reduzida a três anos pelo general Funston devido aos quinze anos de trabalho exemplar de Buwalda no exército. O que ela não menciona é que, após dez meses em Alcatraz, o presidente Theodore Roosevelt concedeu o perdão a Buwalda, de modo a evitar uma maior adesão da opinião pública à campanha pela sua libertação, então levada a cabo por Goldman e outros anarquistas.

17. Buwalda, após sair da prisão, devolveu ao governo as medalhas militares recebidas pelos seus serviços nas Filipinas e se tornou um anarquista.

Num artigo recente, um escritor especializado nas questões militares da América fez um comentário sobre o poder que os militares na Alemanha exercem sobre os civis. Entre outras coisas, ele disse que, se o único propósito da nossa república for o de garantir a todos os cidadãos direitos iguais, então esse poderio teria, apenas com isso, a sua existência justificada. Tenho certeza de que o nosso escritor não estava no Colorado durante o regime patriótico do General Bell.[18] Ele provavelmente teria mudado de ideia se tivesse visto como, em nome do patriotismo e da república, seres humanos foram jogados em currais, arrastados, obrigados à força a cruzar as fronteiras do Estado e sujeitados a todos os tipos de indignidades. Tampouco esse incidente no Colorado é o único que representa o crescimento do poder militar nos Estados Unidos. Dificilmente ocorre uma greve sem que tropas e milícias venham ao socorro daqueles que estão no poder, sem que atuem de forma tão arrogante e brutal como fazem os homens que vestem o uniforme do Kaiser. Além disso, temos a lei militar de Dick.[19] O escritor se esqueceu disso?

18. O brigadeiro-general Sherman M. Bell esteve no comando militar do estado do Colorado ao longo do episódio que ficou conhecido como Guerras Trabalhistas do Colorado de 1903–1904, que consistiu numa série de greves organizadas pela *Western Federation of Miners* — um dos maiores e mais ativos sindicatos trabalhistas dos Estados Unidos de então. Como os grevistas usaram táticas de ação direta, como a sabotagem, o então governador do Colorado declarou lei marcial, o que levou à prisão e expulsão do estado de um sem-número de grevistas. O resultado foi catastrófico: não apenas os trabalhadores perderam os direitos adquiridos em greves anteriores, como houve uma série de medidas governamentais que simplesmente desmantelaram o trabalho organizado no Colorado.
19. A lei da milícia de 1903 (*The Militia Act of 1903*), também conhecida como lei de Dick — dado o papel desempenhado pelo general Charles Dick, então senador de Ohio, para a sua aprovação —, reconhecia duas categorias de milícias: a organizada, ou seja, a Guarda Nacional, e a não organizada ou reserva, composta por todos os cidadãos homens fisicamente aptos entre 14 e 45 anos. Entre outras coisas, a lei garantia fundos federais para o melhoramento da Guarda Nacional, de armas ao treinamento supervisionado pelo exército.

Um grande problema que podemos identificar na maioria dos nossos escritores é que eles são absolutamente ignorantes no que diz respeito aos acontecimentos da atualidade, ou então, por falta de honestidade, simplesmente não tocam nesses assuntos. E daí que aconteceu de a lei de Dick ter sido aprovada tão rapidamente pelo congresso, com pouquíssima discussão e praticamente sem qualquer repercussão na opinião pública — lei que dá ao presidente o poder de transformar cidadãos pacíficos em assassinos sanguinários, alegadamente para a defesa do país, muito embora, na realidade, sirva tão somente para a proteção dos interesses de um partido cujo porta-voz é o presidente em questão.[20]

Nosso escritor afirma que o militarismo nunca será na América tão poderoso quanto é no exterior, porque no nosso caso é voluntário, e no do Velho Mundo, obrigatório. O problema é que o cavalheiro se esqueceu de considerar dois fatores muito importantes. Em primeiro lugar, que o recrutamento obrigatório criou entre todas as classes da sociedade europeia um ódio muito profundo contra o militarismo. Milhares de jovens convocados se alistam sob protesto e, uma vez no exército, usam de todos os meios possíveis para desertar. E em segundo lugar, que a compulsoriedade do militarismo criou, em contrapartida, um enorme movimento antimilitarista, temido pelas grandes potências europeias mais do que qualquer outra coisa. Afinal, o maior baluarte do capitalismo é o militarismo. No momento preciso em que o militarismo começar a ser minado, o capitalismo irá tremer. É verdade que não temos recrutamento obrigatório; ou seja, os homens geralmente não são forçados a se alistar no exército; o problema é que criamos uma força muito mais exigente e rígida para impelir nessa direção — a necessidade. Não é um fato que durante as depressões industriais há um aumento significativo no número de alistamentos? O trabalho de militar pode

20. No caso de uma guerra ou de invasão estrangeira, por exemplo, a lei de Dick também garantia ao presidente o direito de, com apenas 24 horas de aviso prévio, convocar quantos membros da Guarda Nacional — inclusive da milícia reserva — julgasse necessários.

não ser muito rentável ou honroso, mas é melhor do que vagar pelo país à procura de emprego, do que entrar em filas de doação de comida,[21] do que dormir em pensões municipais. No final das contas, trata-se de uma ocupação que garante treze dólares por mês, três refeições diárias e um lugar para dormir. De todo modo, a necessidade não é um fator capaz de ofertar ao exército caráter e hombridade. Não é de admirar que as autoridades militares reclamem do *material pobre* que se alista no exército e na marinha. Uma admissão que, de todo modo, é um sinal muito encorajador. Pois prova que ainda existe no americano médio algo do espírito da independência e do amor à liberdade que torna preferível arriscar morrer de fome a vestir o uniforme.

Em todo o mundo, homens e mulheres pensantes estão finalmente começando a perceber que o patriotismo é uma concepção excessivamente estreita e limitada, incapaz de atender as necessidades do nosso tempo. A centralização do poder criou um sentimento internacional de solidariedade entre as nações oprimidas do mundo; uma solidariedade que é indicativa de uma tal harmonia entre os interesses dos trabalhadores da América e os dos seus irmãos no exterior que jamais poderá se estabelecer entre um mineiro americano e o seu compatriota explorador; uma solidariedade que não teme ataques estrangeiros, porque unirá os trabalhadores até o ponto em que eles dirão para os seus senhores: "Vão e façam a sua própria matança. Já faz muito tempo que fazemos isso para vocês. Basta!"

Essa solidariedade está despertando até mesmo a consciência dos soldados: eles também estão se tornando uma só carne com a grande família humana. A solidariedade que, mais de uma vez, em lutas passadas, se provou infalível; que se transformou no ímpeto que levou os soldados parisienses, durante a Comuna de

---

21. No original: *standing in the bread line*, em tradução literal "entrar na fila do pão". A expressão designa uma fila de pessoas formada para receber comida por caridade.

1871, a desobedecerem à ordem de atirar nos seus irmãos.[22] E que, recentemente, deu coragem aos homens amotinados nos navios de guerra russos.[23] A solidariedade que, no futuro, provocará a revolta de todos os humilhados e oprimidos da terra contra os seus exploradores internacionais.

O proletariado da Europa já compreendeu a grande força que a solidariedade possui — e, como consequência, declarou guerra ao patriotismo e à sua faceta sanguinária, o militarismo. Milhares de homens lotam as prisões da França, Alemanha, Rússia e dos países escandinavos, porque ousaram desafiar essa antiga superstição. Um movimento que não se limita à classe trabalhadora: abraçou representantes em todas as instâncias da vida; seus principais expoentes são homens e mulheres proeminentes nas artes, ciências e letras.

A América terá de seguir esse exemplo. O espírito do militarismo já se infiltrou em todos os setores da vida. Na verdade, estou convencida de que o militarismo representa para a América um perigo muito maior do que para qualquer outro país. Afinal, não são poucos os subornos que o capitalismo precisa ofertar àqueles que almeja destruir.

A iniciação ao militarismo ocorre nas escolas. Como não poderia ser diferente, o governo adota para si a velha concepção

22. Provável referência a um dos estopins que levou à Comuna de Paris: em 18 de março de 1871, parte da Guarda Nacional do governo francês, recepcionada pelos insurgentes parisienses (especialmente mulheres e crianças que trouxeram vinho e comida para os soldados), recusou a ordem de atirar contra a multidão. Nesse dia, não apenas diversos soldados desertaram e juntaram-se aos insurgentes, como dois generais foram executados. Com isso, a Guerra Civil foi deflagrada e o febricitante governo de dois meses dos *communards* teve início.

23. Entre 1905 e 1906, uma série de motins entre marinheiros (assim como também entre soldados) teve lugar na Rússia. Com destaque para o lendário motim da tripulação do navio de guerra Potemkin, ocorrido em junho de 1905, durante a Revolução de 1905, na Rússia. A curta insurreição, iniciada como protesto contra a infestação de larvas na comida servida aos marinheiros, teve como objetivo se juntar às forças revolucionárias para derrubar o czar. Vale lembrar que esse evento histórico consistiu no argumento da obra-prima do cineasta Serguei Eisenstein, justamente intitulada *O encouraçado Potemkin* (1925).

jesuítica: "Dê-me a mente da criança e eu moldarei o homem". As crianças recebem um treinamento praticamente militar; nos seus currículos escolares, as glórias militares são exaltadas; e a mentalidade dos jovens é pervertida para que se adapte ao governo. Além disso, a juventude do país é incitada o tempo todo pela publicidade, com os seus cartazes berrantes, a se juntar ao exército e à marinha. "Uma ótima chance de ver o mundo!" — apela o mascate governamental. É dessa maneira que meninos inocentes são moralmente enclausurados pelo patriotismo, e que os Molochs militares avançam nas suas conquistas pela Nação.

O trabalhador americano tem sofrido tanto nas mãos do soldado estadual e federal, que ele está mais do que justificado no seu desgosto e oposição para com o parasita uniformizado. A simples denúncia não é, contudo, suficiente para resolver esse grande problema. O que precisamos é de uma propaganda educativa para o soldado: literatura antipatriótica capaz de esclarecê-lo sobre os horrores reais do seu ofício e de despertar a sua consciência para a verdadeira relação que ele possui com o homem que agride e a cujo trabalho deve a própria existência. Esse tipo de conscientização é o que as autoridades mais temem. Um soldado participar de um encontro de radicais já foi condenado como crime de alta traição. Assim, é óbvio que eles também condenarão por alta traição um soldado que leia um panfleto radical. Não é uma verdade que, desde tempos imemoriais, as autoridades rotularam cada passo do progresso de traição? Seja como for, aqueles que lutam com sinceridade pela reconstrução da vida social podem muito bem arcar com o risco que envolve enfrentar tudo isso; porque é bem provável que mais importante do que levar a verdade às fábricas, é levá-la aos quartéis. Quando solaparmos a mentira patriótica, teremos aberto o caminho para aquela grande estrutura na qual todas as nacionalidades estarão unidas em fraternidade universal — numa *sociedade verdadeiramente livre*.

Preparação militar, o caminho para o massacre universal[1]

Desde que teve início a conflagração europeia, a quase totalidade da humanidade encontra-se submersa no estado cadavérico de anestesia que decorre da guerra; encontra-se dominada pela fumaça enlouquecida e rodopiante de clorofórmio encharcado de sangue, que lhe obscureceu visão e paralisou-lhe o coração. Na verdade, com exceção de algumas tribos selvagens, que nada sabem da religião cristã ou do amor fraterno e tampouco conhecem qualquer coisa sobre batalhas, submarinos, fabricação de munições e empréstimos de guerra, o restante da humanidade está sob terrível narcose. A consciência humana parece dominada por um só tema: especular sobre o assassinato. Toda a nossa civilização, a cultura inteira está concentrada na exigência insana de armas cada vez mais perfeitas para a matança.

"Munição! Munição! Ó, Senhor, tu que governas o céu e a terra, tu, ó Deus do amor, da misericórdia e da justiça, dai-nos munição suficiente para destruir o nosso inimigo." Tal é a oração que ascende diariamente ao céu dos cristãos. Da mesma forma que o gado se lança nas chamas quando, em frente ao fogo, é tomado pelo pânico, os europeus estão a cair uns sobre os outros em meio às chamas devoradoras das fúrias da guerra. E isso enquanto a América está sendo empurrada até a beira do mesmo precipício por políticos inescrupulosos, demagogos inflamados e tubarões militares, em que está sendo preparada para levar a cabo o mesmo feito funesto.[2]

1. Texto publicado pela primeira vez na revista *Mother Earth*, em dezembro de 1915, e posteriormente como panfleto.
2. É importante ter em mente que o presente texto foi proferido em diversas conferências, antes da entrada dos Estados Unidos na Primeira Guerra Mun-

Diante do desastre que se aproxima, cabe aos homens e às mulheres que ainda não foram vencidos pela loucura da guerra, levantar a sua voz em protesto, chamar a atenção do povo para o crime e as atrocidades que estão prestes a ser perpetrados contra eles.

A América é, na sua essência, um caldeirão cultural. Nenhum dos grupos nacionais que a compõem está em posição de reivindicar para si a pureza de uma raça superior, uma missão histórica particular ou uma cultura mais elevada. No entanto, os chauvinistas e os especuladores da guerra estão impregnando a atmosfera com slogans sentimentais de nacionalismo hipócrita: *América para os americanos, América em primeiro lugar, por último e sempre*. Esse bordão atraiu a imaginação popular de um extremo do país ao outro.[3] Para que a América seja protegida, a preparação militar deve ser mobilizada de uma vez só. Um bilhão de dólares saídos do suor e do sangue do povo será gasto com navios de guerra e submarinos para o exército e a marinha; tudo para a proteção da nossa preciosa América.

O sentimento que subjaz a tudo isso é o de que essa América que necessita ser protegida por uma força militar tão gigantesca, não é a América do povo, mas a da classe privilegiada; a classe que rouba e explora as massas e controla as suas vidas do berço até túmulo. É patético que tão poucas pessoas consigam perceber

dial; ou, dito mais precisamente, no contexto em que o chamado Movimento de Preparação [*Preparedness Movement*] ganhava força, sob a liderança de ninguém menos do que Theodore Roosevelt. Seu objetivo era convencer a opinião pública estadunidense acerca da necessidade de entrar no conflito, o que envolvia não só maiores investimentos no poder bélico dos EUA como, especialmente, a ampliação de seu exército permanente — isto é, em permanente estado de prontidão militar para a guerra. Como mencionado em nota anterior, foi a oposição de Goldman ao envolvimento militar estadunidense na guerra, sua oposição à própria guerra e, de um modo mais geral, a todo militarismo — baluarte do capitalismo, segundo seu diagnóstico — que lhe rendeu, em conjunto com Alexander Berkman, a condenação pelo crime de conspiração em 1917 e, dois anos depois, a deportação para a Rússia recém-bolchevique. 3. Não parece ser demais enfatizar que o bordão *America first*, aqui referido por Goldman na sua versão completa (no original: *America first, last, and all the time*), foi recentemente reavivado pelo 45º presidente dos EUA, Donald Trump.

que a preparação militar nunca levará à paz, já que é, na verdade, o caminho para a matança universal.

Através dos mesmos métodos ardilosos utilizados pelos diplomatas e militares alemães para acoplar o militarismo prussiano às massas, o círculo militar americano, com seus Roosevelts, Garrisons, Daniels e, agora, com os seus Wilsons,[4] está movendo céus e terra para enrolar a corda militarista nos pescoços dos homens e mulheres do povo americano — e que, se bem-sucedido, lançará a América na tempestade de sangue e lágrimas que agora devasta os países da Europa.

Há quarenta anos, a Alemanha apregoava o seguinte slogan: Alemanha acima de tudo. Alemanha para os alemães, em primeiro lugar, por último e sempre. Nós queremos paz; portanto, devemos nos preparar para a guerra. Apenas uma nação bem armada e fortemente preparada pode garantir a paz, pode impor respeito, pode ter certeza de sua integridade nacional.

E, assim, a Alemanha continuou a se preparar, forçando, com isso, as outras nações a fazerem o mesmo. A terrível guerra europeia é apenas o ponto de culminância desse evangelho espinhoso e multifacetado: o evangelho da preparação militar.

Desde que a guerra teve início, quilômetros de papel e rios de tinta estão sendo usados para denunciar a barbárie, a crueldade e a opressão levadas a cabo pelo militarismo prussiano. Conservadores e radicais estão oferecendo publicamente o seu apoio

4. Como foi mencionado em nota anterior, Theodore Roosevelt foi o principal expoente do Movimento de Preparação [*Preparedness Movement*], defendendo desde o início a entrada dos Estados Unidos na guerra, para o que inclusive chegou a escrever e publicar dois livros: *America and the World War* (1915) e *Fear God and Take Your Own Part* (1916). Já o então presidente Woodrow Wilson, conforme Goldman sugere nas linhas a seguir, embora tenha inicialmente defendido a neutralidade dos EUA na guerra e, assim, contrariado o Movimento de Preparação, em 1915 — sob a escusa do ataque alemão ao transatlântico britânico Lusitania, que matou 128 cidadãos estadunidenses —, não só aumentou a venda de armamentos e os empréstimos para os aliados, como apresentou um plano para a ampliação das forças armadas, que seria consagrado com a promulgação da Lei de Defesa Nacional, em maio de 1916.

aos Aliados, motivados pela razão única de ajudar a destruir esse tipo de militarismo, ante o qual, segundo dizem, não pode haver paz ou progresso na Europa.[5] E, muito embora, de um lado, a América esteja enriquecendo com a fabricação de munições e com os empréstimos de guerra aos Aliados nessa sua ajuda para esmagar os prussianos; de outro a mesma reivindicação está agora se espraiando na América — a qual, se transformada em programa de ação nacional, irá se fortalecer a ponto de tornar o militarismo americano muito mais terrível do que o militarismo alemão ou prussiano jamais sonhou ser; porque em nenhum outro lugar do mundo o capitalismo se tornou tão desavergonhado no seu excesso quanto aqui, em nenhum outro lugar, o Estado está em maior prontidão para se ajoelhar aos pés do capital.

Como uma praga, o espírito da loucura está varrendo o país, contagiando com o germe do militarismo as mentes mais lúcidas e os corações mais leais. Ligas de segurança nacional, com canhões como seu emblema de proteção, e ligas navais com mulheres na liderança surgiram em todo o país;[6] mulheres que se vangloriam de representar o sexo frágil, mulheres que dão à luz em meio à dor e ao perigo, mas que, ainda assim, estão prontas para oferecer os seus filhos ao deus Moloch da Guerra. Sociedades

5. Aqui Goldman parece se referir a Peter Kropotkin, que no artigo "Carta sobre a guerra atual" [*A Letter on the Present War*] — publicado no jornal *Mother Earth*, em novembro de 1914 — declarou justamente que seria um "dever de todo aquele que preza pelos ideais do progresso [...] fazer tudo em seu poder [...] para reprimir a invasão dos alemães na Europa Ocidental". Tanto Goldman quanto Berkman lamentaram que o "velho camarada e professor" tivesse "tomado o partido da matança europeia", conforme atesta o artigo de Berkman publicado no mesmo volume do *Mother Earth* em que saiu a carta de Kropotkin.
6. Goldman está se referindo à seção feminina da Liga Naval dos Estados Unidos [*Navy League*], uma associação sem fins lucrativos fundada em 1902 com o apoio do então presidente Theodore Roosevelt. Embora se trate de uma única associação, a *Navy League* tinha (e tem até hoje) conselhos espalhados em diversas cidades estadunidenses.

para a americanização,[7] cujos membros são os conhecidos liberais, aqueles mesmos que ainda ontem condenavam a verborreia patriótica de hoje; e que agora se colocaram à disposição para confundir as mentes das pessoas e para ajudar a construir na América as mesmas instituições catastróficas que, direta e indiretamente, estão ajudando a derrubar na Alemanha — ou seja: o militarismo destruidor da juventude, estuprador de mulheres, aniquilador do que há de melhor na humanidade, o próprio ceifador da vida.

Até mesmo Woodrow Wilson, que há bem pouco tempo se regalava com a declaração "Uma nação orgulhosa demais para lutar", que no início da guerra pediu orações pela paz, que nos seus discursos falava da necessidade de uma espera cautelosa, foi forçado a entrar na linha. Ele agora se juntou aos valorosos camaradas do movimento ultrachauvinista, o que significa que passou a ser um dos partidários da preparação militar com o seu ganido *América para os americanos*. A diferença entre Wilson e Roosevelt é simples: Roosevelt, um grosseirão de nascença, utiliza o porrete; Wilson, historiador e professor universitário, se vale do verniz da máscara universitária, muito embora por debaixo dela, tal como Roosevelt, tenha tão somente um único objetivo: servir aos interesses do grande capital, ajudar os fabricantes de equipamentos militares a se tornarem fenomenalmente ricos.

Woodrow Wilson no seu discurso para as *Filhas da Revolução Americana* se denunciou involuntariamente quando declarou: "Prefiro ser derrotado do que condenado ao ostracismo".[8] De fato,

7. As sociedades para a americanização eram organizações patrióticas voltadas para os imigrantes e seus filhos. Além de auxiliá-los na obtenção da naturalização, tinham como foco central ofertar-lhes ensino para o exercício pleno da cidadania estadunidense. No currículo desse processo de formação, incluíam-se a língua inglesa, a história dos Estados Unidos, a apresentação da estrutura governamental do país e outros componentes variáveis, como cursos profissionalizantes. Essas sociedades, resultantes do movimento de americanização, ganharam força especial durante a Primeira Grande Guerra, embora tenham sucumbido, por razões várias, na década de 1920.

8. *Daughters of American Revolution* é uma organização sem fins lucrativos fundada em 1890, e até hoje vigente, composta exclusivamente por mulheres

liderar uma oposição à indústria bélica — contra a Bethlehem, du Pont, Baldwin, Remington, Winchester etc. — significa ostracismo político e morte. Wilson sabe disso, e foi exclusivamente por conta disso que ele traiu o seu posicionamento original, voltou atrás com o seu taxativo "orgulhosa demais para lutar", e está agora, como todo político medíocre, a berrar o mais alto que pode em favor da preparação militar, em favor da glória nacional, e do juramento estúpido que a seção feminina da liga naval está tentando impor sobre cada uma das crianças e jovens na escola:

Eu me comprometo a fazer tudo ao meu alcance para promover os interesses de meu país, para defender as suas instituições e garantir a honra do seu nome e da sua bandeira. Como devo tudo que tenho na vida ao meu país, consagro meu coração, mente e corpo ao seu serviço e prometo trabalhar para seu desenvolvimento e segurança em tempos de paz e não recuar ante qualquer sacrifício ou privação, caso seja convocado a agir em nome da defesa da liberdade, da paz e felicidade do nosso povo.

Defender as instituições do nosso país é o mesmo que defender as instituições que protegem e sustentam o pequeno número de pessoas que rouba e saqueia as massas; é o mesmo que defender as instituições que drenam todo o sangue dos nativos e dos estrangeiros para transmutá-lo em riqueza e poder; mesmo que defender as instituições que roubam do imigrante toda a originalidade que ele traz consigo, dando -lhe em troca nada mais do que um americanismo barato, cuja glória consiste em mediocridade e arrogância.

Faz muito tempo que os proclamadores do *América em primeiro lugar* [*America first*] traíram os princípios fundamentais do verdadeiro americanismo; que traíram o tipo de americanismo que Jefferson tinha em mente quando disse que o melhor governo é aquele que governa menos; e o tipo de América em nome da qual David Thoreau lutou quando defendeu que o me-

descendentes dos combatentes da Revolução Americana. Entre seus principais objetivos estão a preservação histórica e a promoção da educação cívica e do patriotismo (por meio de bolsas de estudos e fundos para crianças e escolas).

lhor governo é o que não governa.[9] Faz muito tempo que traíram todos os americanos verdadeiramente grandiosos; grandiosos porque sonharam fazer deste país um porto seguro e um refúgio, porque nutriram a esperança de que todos os deserdados e oprimidos que aportassem nestas praias dariam ao país, em retribuição, caráter, qualidade e significado. Uma América que não é a dos políticos e a especuladores das indústrias das armas. A América deles encontrou representação poderosa na ideia de um jovem escultor nova-iorquino: em que uma mão dura e cruel com dedos longos, finos e impiedosos esmaga o coração de um imigrante e extrai o seu sangue para com ele cunhar dólares, enquanto dá, ao estrangeiro, em retorno, um conjunto de esperanças arruinadas e aspirações idiotas.

Não restam dúvidas de que Woodrow Wilson possui motivos de sobra para defender essas instituições. Mas que ideal é destinado à juventude! Como serão o treinamento e a capacitação militares dos defensores da liberdade, paz e felicidade? Eis o que o major-general O'Ryan tem a dizer sobre uma juventude adestrada com eficiência:

O soldado deve ser treinado para se tornar um autômato; ele deve ser tão bem adestrado ao ponto em que a sua iniciativa individual seja completamente destruída; até que se transforme numa máquina. É forçoso que o seu pescoço esteja amarrado com o nó da forca militar; ele precisa ser alavancado; precisa ser comandado pelos seus superiores com uma pistola na mão.[10]

9. O lema "o melhor governo é aquele que governa menos", aqui atribuído a Thomas Jefferson, é citado justamente por Henry David Thoreau na abertura de seu ensaio *A desobediência civil* (1849). Na abertura do texto, Thoreau diz aceitar candidamente esse lema, que uma vez realizado se desenvolveria em: "Melhor é o governo que não governa". Ao que parece, a citação foi retirada do primeiro volume da revista *United States Magazine and Democratic Review*, precisamente do texto introdutório de seu editor John L. O'Sullivan, datado de outubro de 1837.
10. John Francis O'Ryan (1874–1961), então comandante da Guarda Nacional de Nova York, ganhou destaque na época não só pelo seu engajamento no Movimento de Preparação, como pela sua defesa implacável de um treinamento mais rígido para os militares, capaz de simular o combate real. Pouco depois

Essas palavras não foram ditas por um *junker* prussiano; nem por um bárbaro alemão; nem por Treitschke ou Bernhardi,[11] mas, sim, por um major-general dos Estados Unidos. E ele está certo. Não se pode levar a cabo uma guerra entre iguais; como tampouco o militarismo pode se estabelecer em meio a homens livres; para isso é necessário haver escravos, autômatos, máquinas, criaturas obedientes e disciplinadas, que irão se mover, agir, atirar e matar sob o comando dos seus superiores. A preparação militar é exclusivamente isso e nada mais.

Foi noticiado que entre os oradores para a Liga Naval estava Samuel Gompers.[12] Se isso for mesmo verdade, é símbolo de que o maior dos ultrajes foi perpetrado contra os trabalhadores pelas mãos dos seus próprios líderes. A preparação militar não é dirigida apenas contra o inimigo externo; visa muito mais o inimigo interno. Ela diz respeito àquela parte dos trabalhadores que aprendeu a não esperar nada das nossas instituições, à parte desperta do povo trabalhador que já percebeu que a guerra de

de os Estados Unidos declararem guerra à Alemanha, o general O'Ryan foi nomeado pelo presidente Wilson major-general do exército regular, sendo, com isso, o único oficial da Guarda Nacional que obteve um posto no alto comando do exército dos EUA durante a Primeira Guerra Mundial.

11. Heinrich von Treitschke (1834–1896) foi um historiador, escritor e político alemão bastante conhecido em seu tempo. Membro do Reichstag de 1871 a 1884, a sua atuação política e seus escritos se destacaram pela defesa de um Estado implacavelmente autoritário e pelo antissemitismo brutal (ele é autor do terrível bordão posteriormente apropriado pelo nacional-socialismo: "Os judeus são a nossa desgraça!"). Friedrich A. J. von Bernhardi (1849–1930) foi um general prussiano e historiador militar que ganhou destaque internacional, pouco antes da eclosão da Primeira Grande Guerra, com seu livro *A Alemanha e a próxima guerra* [*Deutschland und der nächste Krieg*] — no qual, em meio a outros impropérios, defendeu que a necessidade da guerra seria, antes de tudo, biológica, concluindo que a Alemanha tinha a obrigação moral de incitar o conflito e ampliar o seu território.

12. Samuel Gompers (1850–1924), imigrante inglês naturalizado estadunidense, foi um operário e líder trabalhista, que se destacou como um dos fundadores da *American Federation of Labor* (AFL) em 1886 — na época do presente texto, tratava-se da maior federação sindical dos EUA. Com exceção do ano de 1895, Gompers permaneceu na presidência da AFL até o ano da sua morte.

classes subjaz às guerras entre nações e que se alguma guerra está justificada, é exclusivamente a guerra contra a dependência econômica e a escravidão política — os dois aspectos mais importantes concernentes à luta de classes.

Já é uma realidade que o militarismo atua como a parte sanguinária dos conflitos econômicos e que, para isso, tem a aprovação e o apoio do Estado. Por acaso, Washington emitiu alguma nota quando os "nossos homens, mulheres e crianças" foram assassinados em Ludlow?[13] Para onde foi aquela indignação horrorizada que soava em alto e bom som na nota dirigida à Alemanha? Ou há alguma diferença entre assassinar os "nossos homens, mulheres e crianças" em Ludlow e assassiná-los em alto mar? De fato, há uma diferença. Os homens, mulheres e crianças em Ludlow eram da classe trabalhadora, faziam parte dos deserdados da terra, estrangeiros a quem foi oferecida uma prova das glórias do americanismo; e os passageiros do Lusitania eram representantes da riqueza e do *status* social — aí está a diferença.[14]

A preparação militar só aumentará o poder de poucos privilegiados, só irá ajudá-los a subjugar, escravizar e esmagar os trabalhadores. É óbvio que Gompers sabe de tudo isso, e se ele realmente está fazendo coro aos brados do círculo militar, então merece ser condenado como traidor da causa dos trabalhadores.

Assim como acontece com todas as instituições desta nossa vida confusa — confusa, porque as instituições, apesar de supostamente criadas para o nosso bem, atuam no sentido contrário — acontecerá com a preparação militar. Supostamente a América estará a se preparar para a paz; mas essa paz será, na verdade, a

13. O Massacre de Ludlow, ocorrido em abril de 1914, foi uma chacina perpetrada pela Guarda Nacional do Colorado e pelos seguranças da *Colorado Fuel and Iron Company* contra os trabalhadores em greve (na sua maioria imigrantes) e também contra as suas famílias. Dos 25 mortos, 11 eram crianças.
14. O presidente Woodrow Wilson emitiu três notas ao governo alemão condenando o ataque ao Lusitania, inclusive ameaçando a entrada dos Estados Unidos no conflito — o que surtiu certo efeito. Em setembro de 1915, o Kaiser Wilhelm II ordenou aos oficiais alemães que se abstivessem de atacar navios de passageiros estrangeiros sem aviso prévio.

causa da guerra. Sempre foi assim, ao longo de toda a nossa história manchada de sangue — e assim continuará até que nação se recuse a lutar contra nação, até que os povos do mundo parem de preparar o massacre. A preparação militar é como a semente de uma planta venenosa; colocada no solo, dará frutos venenosos. A destruição em massa que agora ocorre na Europa é o fruto dessa semente venenosa. É imperativo que os trabalhadores americanos compreendam isso antes que sejam levados à loucura pelos chauvinistas, que estão sempre assombrados pelo fantasma do perigo e da invasão; os trabalhadores precisam entender que essa preparação para a paz significa um convite para guerra, significa liberar as fúrias da morte por sobre terras e mares.

As massas europeias não foram conduzidas às trincheiras e campos de batalha por algum desejo secreto, íntimo e profundo de guerra; a causa desse fenômeno deve ser buscada na competição desvairada pelos melhores equipamentos militares, por exércitos mais eficientes, navios de guerra maiores, canhões mais poderosos. Não dá para montar um exército permanente e depois guardá-lo numa caixinha como se estivéssemos brincando com soldadinhos de chumbo. Exércitos equipados até os dentes com armas mortais, com instrumentos de assassinato em massa altamente desenvolvidos apoiam-se nos seus próprios interesses militares — que possuem dinâmica e funcionalidade específicas. Basta examinarmos a natureza do militarismo para percebermos o truísmo desta alegação.

O militarismo consome os elementos mais fortes e produtivos de uma nação. Engole a maior parte da receita nacional. Se comparados com o montante destinado ao militarismo em tempos de paz, os gastos com educação, arte, literatura e ciência são praticamente nulos; e, em tempos de guerra, todo o resto é reduzido a nada: a vida estagna, todo esforço é tornado inútil — já que o suor e o sangue das massas estão sendo usados para alimentar o monstro insaciável do militarismo. Sob tais circunstâncias, é imperativo que se torne mais arrogante, mais agressivo, mais insuflado na sua presunção. O militarismo precisa de um excedente de energia para se manter vivo; por isso, é inevitável que busque um inimigo ou que crie um artificialmente. Com fins e meios tão civilizados, o militarismo é sustentado pelo Estado, protegido pelas leis do país, nutrido nos lares e escolas, glorificado pela opinião pública. Em outras palavras: a função do militarismo é matar. Ele não pode viver senão por meio do assassinato.

Mas o fator predominante da preparação militar, o que conduz inevitavelmente à guerra, é a criação de grupos de interesse, que trabalham para o aumento do armamento de modo consciente e deliberado e cujo propósito é impulsionado pela criação da histeria de guerra. Um grupo de interesse que é formado por todos os envolvidos na fabricação e venda de munições e equipamentos militares para ganho e lucro pessoal. Caso, por exemplo, da família Krupp, que possui a maior fábrica de munições e canhões do mundo.[15] A influência sinistra que exerce na Alemanha, na verdade, em muitos países, alastra-se sobre a imprensa, sobre escola, igreja e estadistas do mais alto escalão. Pouco antes da guerra, o único homem público corajoso da Alemanha atual, Karl Liebknecht, chamou a atenção do *Reichstag* para o fato de que a família Krupp tinha a seu serviço oficiais da mais alta patente na hierarquia militar, e isso não apenas na Alemanha, mas também na França e em outros países.[16] Os seus

15. Embora tenha iniciado, em 1811, o seu império no ramo da indústria siderúrgica, a família Krupp viu os seus negócios se ampliarem exponencialmente com a fabricação de armas, destacando-se na produção de canhões. Na época desse texto, a Fried. Krupp AG era, então, uma das principais siderúrgicas e fabricantes de armas do mundo. O seu ocaso só veio, mais de um século depois, com a derrota da Alemanha na Segunda Grande Guerra — afinal, as indústrias Krupp não só eram as maiores fornecedoras de armas para os nazistas, como se valeram do trabalho escravo de prisioneiros de guerra — em sua maioria judeus. Em Nuremberg, ex-diretores do grupo foram julgados, com destaque para Alfried Krupp, sentenciado a 12 anos de prisão pelos seus crimes de guerra.
16. A denúncia do suborno de oficiais do exército alemão pela Friedrich Krupp AG ficou conhecida como o *escândalo de Kornwalzer*. As provas documentais chegaram a Liebknecht anonimamente, e o resultado da sua denúncia foi o julgamento e a prisão de alguns oficiais militares e funcionários da Krupp AG. Cabe lembrar que, à época, Karl Liebknecht já era um socialista e antimilitarista

emissários trabalham em todos os lugares — incitando sistematicamente o ódio e antagonismos nacionais. O que a sua denúncia trouxe à luz foi um truste internacional de artigos de guerra que não está nem aí para patriotismo ou amor pelo povo, mas que utiliza ambos para incitar a guerra e embolsar, nessa terrível barganha, lucros milionários.

Não é de todo improvável que a origem da guerra atual possa ser rastreada até esse truste internacional assassino. Mas será realmente necessário que uma geração percorra rios de sangue e erga montanhas com o sacrifício humano para que a próxima apreenda pelo menos um grão de verdade nisso tudo? Será que nós não podemos nos beneficiar com o conhecimento das causas que conduziram à guerra europeia? Será que não vamos mesmo entender que a preparação militar levada a cabo pela Alemanha e por outros países serviu exclusivamente para engrandecer os militares e favorecer materialmente alguns poucos? E acima de tudo: será que podemos nos furtar a perceber que a preparação militar na América conduzirá aos mesmos resultados, à mesma barbárie, ao mesmo sacrifício sem sentido da vida? Seguirá a América esse exemplo, será ela entregue aos Krupps americanos, aos círculos militares americanos? Parece que esse será o caso; ao menos é a conclusão a que se chega, quando se ouve o ganido chauvinista da imprensa, as bravatas sanguinolentas e iradas do valentão Roosevelt, a tagarelice sentimental do nosso presidente formado na faculdade.

Eis aí mais um motivo para que aqueles que ainda possuem, dentro de si, uma centelha de liberdade e humanidade, protestem contra esse grande crime, contra a ignomínia que agora mesmo está sendo preparada e imposta sobre o povo americano. Não é suficiente se declarar neutro; uma neutralidade que derrama lágrimas de crocodilo com um olho, enquanto o outro está fi-

destacado, além de deputado no Reichstag pelo Partido Social-Democrata da Alemanha; depois de preso por suas atividades antimilitaristas e antiguerra, fundou, em dezembro de 1918, o Partido Comunista da Alemanha; poucos meses depois, ele e Rosa Luxemburgo foram brutalmente assassinados por um grupo de paramilitares.

xado nos lucros oriundos dos artigos e empréstimos de guerra — não é neutralidade. É um disfarce hipócrita para encobrir os crimes dos países. Tampouco é suficiente se juntar aos burgueses pacifistas, que defendem a paz entre as nações, enquanto ajudam a perpetuar a guerra de classes, a guerra que, na realidade, é o fundamento de todas as guerras.

Precisamos nos concentrar na guerra de classes e, nesse sentido, na guerra contra os falsos valores, contra as instituições malévolas, contra todas as atrocidades sociais. Aqueles que compreendem a urgência da cooperação coletiva nas grandes lutas devem se opor imediatamente à preparação militar imposta pelo Estado e pelo capitalismo para a destruição das massas. Essas pessoas têm que organizar a preparação das massas para a derrubada do capitalismo e do Estado. O que os trabalhadores necessitam é de preparação no campo industrial e econômico. Somente isso conduzirá a uma revolução vinda de baixo contra a destruição em massa imposta de cima. Somente isso conduzirá ao verdadeiro internacionalismo do trabalho — contra os domínios do Kaiser [*Kaiserdom*], contra os domínios do rei [*Kingdom*], contra a diplomacia, militarismo e burocracia. Somente isso possibilitará ao povo os meios necessários para resgatar as suas crianças das favelas, das condições precárias de trabalho [*sweatshops*], das plantações de algodão. Somente isso permitirá que um novo ideal de fraternidade seja inculcado na próxima geração, que se possa criá-la e educá-la em meio a brincadeiras, música e beleza; que se possa fazer florescer homens e mulheres, em vez de autômatos. Somente isso fará da mulher a verdadeira mãe da humanidade, que dará à luz seres humanos criativos, e não soldados que destroem uns aos outros. Somente isso conduzirá à liberdade social e econômica, e colocará um fim em todas as guerras, em todos os crimes, em todas as injustiças.

Minha nova desilusão
com a Rússia[1]

Críticos socialistas não bolcheviques do fracasso russo defendem a compreensão de que a revolução jamais poderia ter obtido sucesso na Rússia, porque o desenvolvimento industrial do país ainda não havia atingido o clímax necessário. Eles se valem de Marx, para quem a revolução social só é possível em países dotados de um sistema industrial altamente desenvolvido e dos antagonismos sociais que decorreriam desse desenvolvimento mesmo. Por isso é que afirmam que a Revolução Russa não pode ser considerada uma revolução social; que, historicamente, a Rússia precisava antes evoluir por vias constitucionais e democráticas, garantir o crescimento da sua indústria, de modo que o país amadurecesse economicamente para a mudança estrutural.

1. Este texto é o posfácio do livro *Minha nova desilusão com a Rússia*, que foi publicado originalmente pela editora Doubleday, Page & Co. (Garden City, Nova York), em 1924. Os doze capítulos que o compõem foram excluídos da obra original, publicada um ano antes, sob o título *Minha desilusão com a Rússia*. Goldman só tomou conhecimento do corte quando teve acesso às primeiras cópias impressas do que se tornou então o primeiro volume. Após uma série de negociações, ela conseguiu que a editora publicasse os doze capítulos previamente eliminados num segundo volume. *Minha desilusão com a Rússia* e *Minha nova desilusão com a Rússia* são, portanto, originalmente o mesmo livro, cujo título dado pela autora, *Meus dois anos na Rússia*, deixava claro tratar-se do relato de sua experiência na Rússia bolchevique (de dezembro de 1919 a dezembro de 1921). Quanto ao título dado pela editora, também sem o seu conhecimento, segundo relata na sua autobiografia, Goldman temia que sugestionasse o leitor ao equívoco de acreditar que a sua desilusão seria com a Revolução Russa e não, como era o caso, "com os métodos pseudorrevolucionários do Estado comunista".

Essa visão ortodoxa do marxismo não considera um fator importante que é, possivelmente, ainda mais vital para o sucesso de uma revolução social do que a questão industrial. Trata-se da psicologia das massas de um determinado período histórico. Por que não há, por exemplo, nenhuma revolução social em curso nos Estados Unidos, na França ou mesmo na Alemanha? É certo que esses países já atingiram o grau de desenvolvimento industrial estabelecido por Marx como o estágio culminante. O problema é que uma indústria avançada e contradições sociais agudas não são fatores, em si mesmos, suficientes para dar à luz uma nova sociedade ou para desencadear uma revolução social. O que falta a países como os Estados Unidos e os outros mencionados é a consciência social necessária, é a psicologia das massas requerida para um tal feito. Essa é a explicação para o porquê de nenhuma revolução social estar sequer perto de vir a acontecer nesses países.

Nessa matéria, a Rússia estava em vantagem em relação às terras mais industrializadas e *civilizadas*. É verdade que a Rússia não era tão desenvolvida industrialmente quanto os seus vizinhos ocidentais. Mas a psicologia das massas russa, inspirada e intensificada pela Revolução de Fevereiro, amadureceu tão rapidamente que, em poucos meses, o povo já estava pronto para slogans ultrarrevolucionários como "Todo poder aos sovietes" e "Terra para os camponeses, fábricas para os trabalhadores".

O significado desses slogans não pode ser subestimado. Em grande medida, eles expressavam a vontade instintiva e semiconsciente do povo, e ainda traziam consigo o significado de uma reorganização social, econômica, e industrial completa da Rússia. Que país da Europa ou da América está preparado para encarnar um lema revolucionário semelhante no interior da própria vida? Na Rússia, porém, nos meses de junho e julho de 1917, esses slogans se tornaram populares e foram adotados entusiástica e ativamente, sob a forma da ação direta, pela maior parte da população industrial e agrária composta por mais de 150 milhões de pessoas. Isso foi prova suficiente da *maturidade* do povo russo para a revolução social.

Quanto à *preparação* econômica no sentido marxista, não se deve esquecer que a Rússia é um país predominantemente agrário. O postulado de Marx pressupõe a industrialização da população camponesa no interior das sociedades altamente desenvolvidas, como um passo necessário em direção à forma social adequada à revolução. Entretanto, os acontecimentos na Rússia de 1917 demonstraram que a revolução não espera pelo processo de industrialização — e o que é mais relevante: ela não pode esperar. Sem qualquer conhecimento das máximas marxistas, os camponeses russos começaram a expropriar os senhores de terra, e os operários, a tomar posse das fábricas. Foi essa ação popular, em virtude da sua própria lógica, que conduziu a Rússia à revolução social, confundindo todos os cálculos marxistas. A psicologia dos eslavos se mostrou mais forte do que as teorias social-democratas.

Essa psicologia envolvia um desejo ardente de liberdade, nutrido por um século de agitação revolucionária que permeou todas as classes sociais.[2] Por sorte, o povo russo permaneceu, no plano político, sem qualquer sofisticação, intocado pela corrup-

2. É lugar comum, ao traçar as origens do movimento revolucionário russo, que se veja na chamada Revolta Decembrista o seu marco inicial. Dito sumariamente, essa revolta, que teve lugar em São Petersburgo em 4 de dezembro de 1825, consistiu num movimento levado a cabo por oficiais e soldados russos pertencentes à alta nobreza, em oposição à nomeação do czar Nicolau I e a favor da implementação de políticas de caráter liberal — embora houvesse entre eles adeptos de ideias mais radicais. O movimento foi brutalmente esmagado na estreia do governo de Nicolau I, que se destacou pela forte autocracia e pela sufocante censura e perseguição intelectual. A Revolta Decembrista, apesar de breve e absolutamente fracassada, exerceu profunda influência no imaginário da geração posterior, em meio à qual se encontravam Alexander Herzen e o pai do anarquismo russo, Mikhail Bakunin — comumente considerados as duas principais influências para a criação do movimento múltiplo e complexo designado de populismo russo, *narodnichestvo*. Embora esse movimento tenha sido concebido por membros da pequena nobreza, caso de Bakunin e Herzen, foi levado a cabo sobretudo por intelectuais e ativistas pertencentes à classe dos *raznotchíntsy* (termo criado para designar os indivíduos que não tinham status fixo no sistema russo de castas), entre os quais se destaca Nikolai Tchernichévski — a quem o próprio Lênin rendeu um sem-número de homenagens.

ção e confusão que são criadas, no interior do proletariado de outros países, por concepções abstratas como liberdade *democrática* e autogoverno. O russo se conservou, nesse sentido, simples e natural, estranho às sutilezas da política, à fraude parlamentar, às leis paliativas. De outro lado, o seu senso primitivo de justiça e de direito era ainda forte e vigoroso, livre do requinte desagregador característico à pseudocivilização. Ele sabia muito bem o que queria e não esperou pela *inevitabilidade histórica* para lhe garantir isso: se valeu da ação direta. Para o povo russo, a revolução era um fato da vida, não uma teoria sujeita a discussão.

E foi assim que a revolução social teve lugar na Rússia, a despeito do atraso industrial do país. Mas fazer a Revolução não era suficiente. Para seu avanço e ampliação, precisaria ter se desdobrado numa reconstrução econômica e social. Essa fase da revolução exigia a atuação plena da iniciativa individual e do esforço coletivo. O seu desenvolvimento e sucesso dependiam do livre exercício do gênio criativo do povo; da cooperação entre o proletariado intelectual e o manual. O interesse comum é o *leitmotif* de toda luta revolucionária, especialmente no que diz respeito ao seu lado construtivo. E esse espírito do propósito mútuo e da solidariedade, de fato, nos primeiros dias da Revolução de outubro-novembro, varreu a Rússia como uma onda gigantesca. As forças inerentes a tamanho entusiasmo poderiam ter movido montanhas se tivessem sido guiadas com inteligência, se tivesse sido levado em conta exclusivamente o bem-estar do povo. Para que tal liderança fosse exercida com efetividade, naquele momento, os meios estavam disponíveis: uma rede de organizações trabalhistas e de cooperativas cobria toda a Rússia, fazendo a ponte entre a cidade e o campo; os sovietes se proliferavam em resposta às necessidades do povo russo; e, além de tudo isso, havia a *intelligentsia* cuja tradição, já há um século, tinha como âmago a devoção heroica à causa da emancipação da Rússia.

O problema é que esse tipo de desenvolvimento simplesmente não estava contemplado no programa dos bolcheviques. Por uns bons meses após outubro, eles toleraram a manifestação das forças populares, que o povo conduzisse a revolução por vias cada vez mais amplas. Mas tão logo o Partido Comunista se sentiu suficientemente firme na direção do governo, começou a limitar o raio de atividade popular. Todas as ações dos bolcheviques que sucederam daí, todas as políticas subsequentes, as mudanças de política, todos os acordos e recuos, os seus métodos de repressão e perseguição, o seu terrorismo e o extermínio sistemático de todas as outras visões políticas — tudo isso eram tão somente *meios para um fim*: a manutenção do poder do Estado nas mãos do Partido Comunista. De fato, os bolcheviques não fizeram disso um segredo (na Rússia). O Partido Comunista, alegavam, é a vanguarda do proletariado; que a ditadura estivesse em suas mãos era uma necessidade. Lamentavelmente, eles não levaram em conta o seu anfitrião, ou seja, o campesinato — que nem o *razvyortska*,[3] nem a Tcheka, nem todos os fuzilamentos foram capazes de o persuadir a apoiar o regime bolchevique. O campesinato se tornou o muro contra o qual os melhores planos e esquemas de Lênin se chocaram e foram destruídos. Mas Lênin,

3. Provavelmente, Goldman se refere à *razverstka* — já que a transliteração *razvyortska*, conforme encontramos no original em inglês, não possui palavra correlata no russo. No texto a seguir, "Não há comunismo na Rússia", ela faz uso da transliteração *razverstka* (em vez de *razvyortska*). A *razverstka* foi uma política de expropriação forçada, introduzida por decreto em maio de 1918, que tornava ilegal o armazenamento do excedente de grãos por parte dos camponeses e, por conseguinte, o seu livre-comércio. O objetivo era garantir ao governo o monopólio dos grãos por meio de uma ditadura do fornecimento de alimentos que, por sua vez, asseguraria o abastecimento do operariado citadino e, especialmente, do Exército Vermelho no combate contra o Exército Branco. Para o confisco da produção agrícola, foram formados destacamentos de abastecimento alimentar que, na prática, consistiam em destacamentos armados — os quais, via de regra, faziam amplo uso da violência e, não raro, deixavam os camponeses sem alimento suficiente. Como contrapartida, eclodiram diversas revoltas entre os camponeses, e a sabotagem foi praticada em larga escala, de modo que a produção agrícola foi reduzida brutalmente. Segundo o próprio Lênin, a *razverstka* constituiu a essência do comunismo de guerra e, embora se possa justificar a sua severidade como uma exigência de condições objetivas, no frigir dos ovos ela apartou de modo bastante definitivo os camponeses do projeto bolchevique e acirrou a oposição entre a cidade e o campo.

um sagaz acrobata, foi hábil ao performar nos limites mais estreitos. A Nova Política Econômica foi introduzida bem a tempo de evitar o desastre que lenta e implacavelmente estava engolindo toda a estrutura comunista.[4]

II

A *Nova Política Econômica* foi tanto uma surpresa, quanto um choque para a maioria dos comunistas. Eles viram nela a inversão de tudo o que o Partido tinha até então defendido — uma inversão do próprio comunismo. Em protesto, alguns dos membros mais antigos do Partido, homens que haviam enfrentado o perigo e a perseguição do antigo regime — enquanto Lênin e Trótski viviam em segurança no exterior —, saíram do Partido Comunista amargurados e decepcionados. Os líderes decidiram, então, levar a cabo uma espécie de locaute. Ordenaram a limpeza completa do Partido de todos os elementos *duvidosos*. Qualquer um que fosse suspeito de manter alguma independência de atitude e pensamento e aqueles que não aceitaram a nova política econômica como a última palavra em sabedoria revolucionária foram expulsos. Entre esses estavam comunistas que durante anos haviam prestado os mais devotados serviços ao Partido. Machucados no mais íntimo do seu ser pelas medidas injustas e brutais e pela destruição do que creditavam como o mais elevado, alguns deles recorreram ao suicídio. É que a propagação do novo evangelho de Lênin tinha de ser assegurada sem grandes empecilhos; o evangelho da santidade da propriedade privada e da livre concorrência assassina, erigido sobre as ruínas de quatro anos de revolução.

4. Em "Não há comunismo na Rússia", Goldman defende a compreensão, hoje praticamente um consenso, de que a principal causa para a introdução da Nova Política Econômica, em 1921, foram os resultados catastróficos da *razverstka*. Daí que uma das medidas mais significativas da NEP, no campo da agricultura, tenha sido substituir a política de expropriação pela do "imposto em espécie", além de permitir aos camponeses comercializar uma cota do seu excedente.

Por outro lado, toda essa indignação comunista para com a Nova Política Econômica era tão somente indicativa da confusão mental que reinava entre os oponentes de Lênin. O que mais senão uma profunda confusão mental poderia conciliar a aprovação de todas as inúmeras acrobacias políticas de Lênin com a indignação seletiva para com a sua cambalhota final — isto é, para com a culminação lógica de toda a série? O problema dos comunistas devotos foi que eles se apegaram à Imaculada Concepção do Estado Comunista que, com a ajuda da Revolução, iria redimir o mundo. A verdade é que a maior parte das lideranças comunistas nunca acalentou esse tipo ilusão. Em especial, Lênin.

Na ocasião da minha primeira conversa com ele, tive a impressão de que era um político perspicaz e obstinado que sabia exatamente o que estava fazendo e que não se deteria diante de nada para alcançar os seus fins. Depois de ouvi-lo falar em diversas ocasiões e ler suas obras, me convenci de que Lênin tinha pouquíssima preocupação com a revolução e de que o comunismo era, para ele, uma coisa muito distante. O Estado político centralizado era a divindade de Lênin, ante o qual tudo o mais deveria ser sacrificado. Alguém disse que Lênin sacrificaria a revolução para salvar a Rússia. Contudo, o que as suas políticas provaram é que ele estava disposto a sacrificar tanto a revolução quanto o próprio país (ou pelo menos parte dele), para levar a cabo o seu esquema político com o que teria restado da Rússia.

Lênin foi o político mais flexível da história. Ele podia ser um ultrarrevolucionário, um conciliador e um conservador ao mesmo tempo. Quando, como uma onda gigantesca, o grito *Todo o poder aos sovietes!* varreu a Rússia, Lênin nadou conforme a maré. Quando os camponeses tomaram posse da terra e os operários, das fábricas, ele não só aprovou os seus métodos de ação direta, como foi além. Criou o famoso mote *Roubem os ladrões*, um *slogan* que só serviu para confundir as ideias do povo e que causou dano incalculável ao idealismo revolucionário.[5] Nunca um revolucionário político havia interpretado a expropriação social como transferência de riqueza de um grupo de indivíduos para outro. No entanto, foi precisamente isso que o slogan de Lênin quis dizer. Os ataques indiscriminados e irresponsáveis, a acumulação da riqueza da classe burguesa anterior pela nova burocracia soviética e a perseguição jurídica contra aqueles cujo único crime era o antigo *status* foram os resultados da política do *roubem os ladrões* advogada por Lênin. Toda a história subsequente da revolução é um caleidoscópio dos acordos de Lênin e da traição aos próprios *slogans*.

As ações e os métodos dos bolcheviques desde aqueles dias de outubro podem parecer contrários à Nova Política Econômica. Mas a realidade é que são elos da corrente que estava, então, forjando um governo centralizado e todo-poderoso cujo capitalismo de Estado era a expressão econômica. Lênin possuía clareza de visão e uma vontade de ferro. Ele soube como fazer os camaradas da Rússia e de fora dela acreditarem que o seu esquema consistia no verdadeiro socialismo, e os seus métodos, na verdadeira revolução. Não é de admirar que ele sentisse um desprezo enorme pelo seu rebanho, o que, inclusive, nunca tentou disfarçar. "Somente os tolos podem acreditar que o comunismo é, neste momento, possível na Rússia" — foi a resposta de Lênin para os oponentes da sua Nova Política Econômica.[6]

5. O slogan *roubem os ladrões* deriva de uma das sentenças mais célebres de Marx: "Os expropriadores são expropriados", contida no capítulo 24 do primeiro volume de *O capital*. Lênin, inclusive, se refere diretamente a essa passagem em seu esboço biográfico de Marx, datado de 1914. Mais próxima da formulação original, a sentença "Expropriai os expropriadores" também foi transformada em slogan pelo líder bolchevique. Não é raro, porém, que estudiosos do marxismo afirmem que a interpretação dada por Lênin não corresponde, efetivamente, ao que o filósofo alemão quis dizer. Da mesma maneira, não são poucos os historiadores que defendem a compreensão, caso de L. V. Rasskazova, de que, em vez de camponeses e operários, o único saqueador de propriedades, na época da Revolução, foi o partido bolchevique — o que corrobora o testemunho de Goldman.

6. Aqui, é interessante ter em mente o esquema bastante didático que Lênin oferece em *O Estado e a revolução* (1918), em que apresenta "a distinção cientí-

Nisso, aliás, ele estava certo. O verdadeiro comunismo nunca foi sequer ensaiado na Rússia, a não ser que alguém considere trinta e três categorias de salários, diferentes qualidades de rações alimentares, privilégios para alguns e indiferença para grande massa como comunismo.

No período inicial da Revolução, foi relativamente fácil para o Partido Comunista tomar para si o poder. Todas as vertentes revolucionárias, inflamadas pelas promessas ultrarrevolucionárias dos bolcheviques, ajudaram na sua ascensão ao poder. Não obstante, uma vez em posse do Estado, os comunistas deram início ao processo de eliminação. Todos os grupos e partidos políticos que recusaram se submeter à nova ditadura tiveram de sumir. Primeiro, foram os anarquistas e os socialistas revolucionários de esquerda, depois os mencheviques e outros oponentes da direita e, por fim, qualquer um que ousasse cogitar ter opinião própria. Todas as organizações independentes tiveram destino semelhante. Ou foram subordinadas às necessidades do novo Estado, ou completamente destruídas, caso dos sovietes, dos sindicatos e das cooperativas — os três principais agentes para a realização das esperanças da Revolução.

Os sovietes apareceram pela primeira vez na revolução de 1905. Eles desempenharam um papel importante durante aquele breve, mas significativo período. Ainda que a revolução tenha

fica entre socialismo e comunismo" de modo "claro". Segundo ele, o socialismo corresponderia ao que Marx chamou de primeira fase ou fase inferior do comunismo; o comunismo propriamente dito, o comunismo superior, só seria realizado na segunda e última fase. A fase socialista se caracteriza pela socialização dos meios de produção, não obstante o direito burguês perdure ainda no fato de que cada indivíduo continua a dispor da propriedade do seu trabalho, o que significa que a repartição dos produtos e bens varia, nessa fase, de acordo com o trabalho desempenhado. Por isso é que, no socialismo, conforme postulado por Lênin, as diferenças de riqueza permanecem — cada um recebe conforme o seu trabalho e não a partir da sua necessidade. Para ele, tratava-se de um "defeito" inevitável, já que não seria possível supor que, imediatamente após a derrubada do capitalismo, as pessoas já estariam aptas a trabalhar para a sociedade sem qualquer força coercitiva.

sido esmagada, a ideia dos sovietes fincou raízes nas mentes e corações das massas russas. Com os primeiros raios solares que iluminaram a Rússia em fevereiro de 1917, os sovietes foram reavivados e floresceram num período muito curto de tempo. Para o povo, os sovietes não representavam, de forma alguma, uma diminuição no espírito da Revolução. Pelo contrário, a Revolução pôde encontrar a sua expressão prática mais elevada e mais livre por meio dos sovietes. Foi por isso que eles se espalharam tão espontânea e rapidamente por toda a Rússia. Os bolcheviques compreenderam o significado dessa dinâmica popular e aderiram a ela. Não obstante, uma vez no controle do governo, os comunistas viram nos sovietes uma ameaça à supremacia do Estado; ao mesmo tempo em que não podiam destruí-los arbitrariamente sem minar a sua reputação, interna e externa, de patrocinadores do sistema soviético. Eles começaram, então, a podar gradualmente os seus poderes até, finalmente, subordiná-los exclusivamente às próprias necessidades.

Os sindicatos russos eram muito mais propensos à castração. Tanto numericamente, quanto no que diz respeito à fibra revolucionária, ainda se encontravam na infância. Ao aderir aos sindicatos obrigatórios, as organizações trabalhistas russas ganharam em estrutura física, mas mentalmente permaneceram no estágio infantil. O Estado Comunista tornou-se a ama-de-leite dos sindicatos. Em troca, as organizações serviram como lacaios do Estado. "Uma escola de comunismo," disse Lênin na famosa polêmica sobre as funções de um sindicato.[7] Pode até ser. Mas, no caso, uma escola antiquada, na qual o espírito da criança é

7. Embora Lênin, em *Esquerdismo: doença infantil do comunismo* (1920), tenha se valido da expressão *escola de comunismo* para se referir aos sindicatos — que, segundo ele, deveriam ser, de um lado, educados e dirigidos pelo partido e, de outro, uma *escola preparatória* dos proletários para o exercício da ditadura —, a frase foi formulada por Grigori Zinoviev, em setembro de 1919, num discurso em que defendeu que a principal função dos sindicatos, naquele momento, era ajudar a retirar o país da grave crise econômica com o fortalecimento da autoridade do partido e da militarização do trabalho.

acorrentado e esmagado. Em nenhum outro lugar do mundo, as organizações trabalhistas são tão subservientes à vontade e aos ditames do Estado quanto na Rússia bolchevique.

O destino das cooperativas é suficientemente conhecido para que exija elucidação. As cooperativas eram o elo essencial entre a cidade e o campo. O seu valor para a Revolução como o meio popular e bem-sucedido de troca e distribuição e para a reconstrução da Rússia era incalculável. Os bolcheviques, por sua vez, transformaram as cooperativas em engrenagens da máquina governamental e assim destruíram a sua utilidade e eficiência.

III

Agora está claro por que a Revolução Russa, tal como conduzida pelo Partido Comunista, fracassou. O poder político do Partido, organizado e centralizado no Estado, buscou se conservar por meio de todos os meios disponíveis. As principais autoridades forçaram as atividades do povo no sentido de corresponderem aos objetivos do Partido. A única meta do Partido era fortalecer o Estado e monopolizar todas as atividades econômicas, políticas e sociais — inclusive todas as manifestações culturais. A Revolução tinha um objetivo completamente diferente, já que no seu caráter mais íntimo era a própria negação da autoridade e da centralização do poder. A Revolução consistia na luta por espaços cada vez mais amplos para a expressão do proletariado, na luta pela multiplicação das possibilidades de ações individuais e coletivas. Os objetivos e as tendências da Revolução eram, portanto, diametralmente opostos aos do partido político no poder.

Os métodos da Revolução e os do Estado também são diametralmente opostos. Os métodos da Revolução são inspirados por seu próprio espírito, isto é, pela emancipação de todas as forças opressoras e limitantes; resumidamente: são inspirados por *princípios libertários*. Ao contrário disso, os métodos do Estado — do Estado bolchevique e de todos os governos — baseiam-se na coerção, que no curso das coisas necessariamente se desdobra em violência sistemática, opressão e terrorismo. Assim, na Rússia, duas tendências opostas lutaram pela supremacia: o Estado bolchevique contra a Revolução. Essa luta foi uma luta de vida ou morte. As duas tendências, contrárias em objetivos e métodos, não poderiam trabalhar juntas harmoniosamente: o triunfo do Estado significou a derrota da Revolução.

Seria um erro supor que o fracasso da Revolução tenha se dado exclusivamente devido ao caráter dos bolcheviques. Pois, na essência, esse fracasso resultou dos próprios princípios e métodos do bolchevismo. O espírito autoritário e os princípios do Estado é que sufocaram as aspirações libertárias e libertadoras. Se qualquer outro partido político tivesse tomado o controle do governo na Rússia, o resultado teria sido fundamentalmente o mesmo. Não foram os bolcheviques que mataram a Revolução Russa, mas a ideia bolchevique. Foi o marxismo que a matou, ainda que modificado; em suma: foi o governamentalismo fanático.[8] Somente a compreensão das forças subjacentes que esmagaram a Revolução é capaz de nos oferecer a verdadeira lição acerca desse evento que comoveu o mundo. A Revolução Russa reflete, em pequena escala, a luta centenária do princípio libertário contra o autoritário. Afinal, o que é progresso se não uma aceitação cada vez maior dos princípios da liberdade em detrimento dos da coerção? A Revolução Russa foi um passo libertário derrotado pelo Estado bolchevique, pela vitória temporária do elemento reacionário, da ideia governamental.

Essa vitória se deveu a várias causas. A maioria delas já foi tratada nos capítulos anteriores. A principal, de todo modo, não foi o atraso industrial da Rússia, como é afirmado por muitos escritores do assunto. A causa foi a própria cultura que, apesar de ter possibilitado ao povo russo certas vantagens sobre seus vizinhos mais sofisticados, também lhe trouxe algumas desvantagens fatais. O russo era *culturalmente atrasado* no sentido de

8. Goldman usa a palavra "governamentalismo" (no original, *governmentalism*) no mesmo sentido que "estatismo".

ter se mantido intocado pela corrupção política e parlamentar. Por outro lado, essa mesma condição implicava inexperiência no jogo político e uma fé ingênua nos poderes miraculosos do partido que berrasse mais alto e fizesse as maiores promessas. Essa fé no poder do governo serviu para o Partido Comunista escravizar o povo russo, e isso antes de as grandes massas perceberem que uma corda havia sido amarrada em torno de seus pescoços.

O princípio libertário se mostrou bastante forte nos dias iniciais da Revolução. A necessidade de livre expressão absorvia tudo. Mas, quando a primeira onda de entusiasmo retrocedeu no refluxo das marés do dia a dia da vida prosaica, uma convicção muito firme se fazia necessária para que a chama da liberdade fosse mantida acesa. Na grande vastidão da Rússia, apenas um punhado de pessoas conservava esse fogo vivo: os anarquistas — cujo pequeno número e cuja luta absolutamente reprimida pelo regime czarista não possibilitaram o tempo necessário para que eles dessem frutos. O povo russo que, em certa medida, é instintivamente anarquista, não tinha qualquer familiaridade com os verdadeiros princípios e métodos libertários para aplicá-los efetivamente à vida. Além disso, a maioria dos anarquistas russos estavam presos às atividades de pequenos grupos e a tentativas individuais, o que vai de encontro às ações sociais e coletivas mais importantes. Conforme admitirão historiadores do futuro, de modo imparcial, não há dúvidas de que os anarquistas desempenharam um papel muito importante na Revolução Russa — um papel muito mais significativo e frutífero do que o seu número relativamente pequeno faria suspeitar. Não obstante, a honestidade e a sinceridade me obrigam a admitir que o trabalho dos anarquistas teria sido de valor prático infinitamente superior se eles estivessem mais organizados e preparados para guiar a liberação das energias do povo em direção à reorganização da vida sobre fundamentos libertários.

Não se deve pensar com isso que o fracasso dos anarquistas na Revolução Russa, no sentido acima indicado, tenha significado a derrota da ideia libertária. Ao contrário, pois o que a

Revolução Russa demonstrou, para além de qualquer dúvida, foi que a ideia de Estado, de socialismo de Estado, em qualquer uma das suas formas (econômica, política, social, educacional) está irremediavelmente falida. Nunca, em toda história, a autoridade, o governo e o Estado se provaram, na prática, tão inerentemente estacionários, reacionários e inclusive contrarrevolucionários. Em suma, a própria antítese da revolução.

É uma verdade que, ao longo de todo o progresso, apenas o espírito e o método libertários fizeram com que os seres humanos avançassem na eterna busca por uma vida melhor, mais elevada e livre. Aplicada às grandes sublevações sociais conhecidas como revoluções, essa tendência é tão potente quanto é no processo de evolução natural. O método autoritário sempre foi um fracasso ao longo da história; e agora fracassou novamente na Revolução Russa. Até hoje a engenhosidade humana não descobriu nenhum outro princípio, exceto o libertário; pois o homem atingiu a mais alta sabedoria quando declarou que a liberdade é a mãe da ordem, em vez de sua filha.[9] Independentemente de todos os dogmas e partidos políticos, uma revolução só pode ser verdadeira e permanentemente bem-sucedida no caso de se opor com toda a sua força contra a tirania e a centralização do poder, e de lutar obstinadamente para fazer da revolução uma verdadeira reavaliação radical de todos os valores econômicos, sociais e culturais.[10] Não é a simples substituição de um partido político por outro no controle do governo, não é o escamoteamento da autocracia através de *slogans* proletários, não é a ditadura de uma nova classe sobre a antiga, nem qualquer tipo de mudança no cenário político, mas,

9. Embora sem citação direta, Goldman está aqui referenciando Pierre-Joseph Proudhon. Veja o primeiro parágrafo do seu *Solution du problème social*, de 1848.
10. Referência à apropriação da concepção de *transvaloração de todos os valores*, proposta pelo filósofo alemão Friedrich Nietzsche. Preferimos *apropriação* em vez de *filiação*, porque, conforme mencionado na Introdução, Goldman aplica essa proposta tão cara ao filósofo alemão à sua visão de mundo anarquista, quando Nietzsche era ele mesmo um crítico ferrenho do anarquismo.

sim, tão somente a reversão completa de todos esses princípios autoritários o que servirá à causa da revolução.

Apenas a livre iniciativa e a participação popular nos assuntos da revolução podem evitar os erros terríveis cometidos na Rússia. Por exemplo: com o combustível a apenas cem verstas de distância,[11] Petrogrado não teria sofrido de frio, caso as organizações econômicas dos trabalhadores da cidade fossem livres para exercer sua iniciativa para o bem comum. Os camponeses da Ucrânia tampouco teriam sido prejudicados no cultivo das suas terras se tivessem tido acesso aos implementos agrícolas empilhados nos armazéns de Kharkov e em outros centros industriais — e cuja distribuição, em vez disso, aguardava as ordens vindas de Moscou. Esses são exemplos característicos ao governamentalismo e à centralização bolcheviques, que devem servir de alerta aos trabalhadores da Europa e da América sobre os efeitos destrutivos do Estatismo.

O poder industrial das massas, expresso por meio das suas associações libertárias — ou seja, o anarcossindicalismo —, é a única alternativa capaz de organizar com sucesso a vida econômica e a continuidade da produção. De outro lado, as cooperativas, trabalhando em harmonia com os órgãos industriais, servem como meio de distribuição e troca entre a cidade e o campo, ao mesmo tempo em que unem, num laço fraterno, as massas industriais e agrárias. A criação de uma aliança de serviço e assistência mútua é o maior baluarte da revolução — de longe muito mais efetivo do que o trabalho compulsório, o Exército Vermelho ou o terrorismo. Apenas dessa forma a revolução pode atuar como fermento capaz de acelerar o desenvolvimento de novas formas sociais e inspirar as massas a realizações cada vez maiores.

Isso não significa que as organizações industriais libertárias e as cooperativas são os únicos meios de interação entre as complexas fases da vida social. Também é preciso considerar as forças culturais, que, apesar de intimamente relacionadas às atividades

11. Aproximadamente 106 quilômetros.

econômicas, possuem funções próprias. Na Rússia, o Estado comunista se tornou o único árbitro de todas as necessidades do corpo social. O resultado, como já descrito, foi a mais absoluta estagnação cultural, a paralisia de todos os esforços criativos. Para que uma tal *débâcle* nunca mais se repita, as forças culturais devem permanecer enraizadas no solo econômico e, ao mesmo tempo, dispor de um escopo de ação independente e de liberdade de expressão. O critério de adequação de um trabalho cultural não é a sua adesão ao partido político dominante, mas, sim, a sua devoção à causa da revolução, o conhecimento, a habilidade e, acima de tudo, o seu ímpeto criativo. Entretanto, isso se tornou impossível na Rússia, praticamente desde o início da Revolução de Outubro por conta da violenta separação entre a *intelligentsia* e as massas. É verdade que o responsável, nesse caso, foi a própria *intelligentsia*, especialmente a *intelligentsia* técnica, que se agarrou com toda a força — como ocorre em outros países — às barras da saia da burguesia. Incapaz de compreender o significado dos eventos revolucionários, ela tentou conter a onda revolucionária praticando a sabotagem em grande escala. A questão é que na Rússia também havia um outro tipo de *intelligentsia* — dotada de um passado revolucionário glorioso e centenário. Essa parte da *intelligentsia* se manteve leal ao povo, muito embora não tenha podido aceitar sem reservas a nova ditadura. O erro fatal dos bolcheviques foi que eles simplesmente não fizeram distinção entre esses dois elementos. Eles combateram a sabotagem se valendo do terror total contra a *intelligentsia* entendida como classe, e lançaram contra ela uma campanha de ódio ainda mais atroz do que foi a perseguição à própria burguesia — um método que criou um abismo entre a *intelligentsia* e o proletariado e ergueu uma barreira contra todo trabalho verdadeiramente construtivo.

Lênin foi quem primeiro se deu conta desse disparate criminoso.[12] Ele ressaltou a gravidade do erro de fazer os trabalhado-

---

12. Já durante o período do comunismo de guerra, Lênin passou a defender a reincorporação da *intelligentsia* técnica — cujos membros eram também

res acreditarem que poderiam construir indústrias e desenvolver todo trabalho cultural sem ajuda ou qualquer cooperação da *intelligentsia*. O proletariado não tinha conhecimento nem treinamento adequado para essas funções, e a *intelligentsia* teve de ser restaurada para levar a cabo a vida industrial. Mas o reconhecimento de um erro nunca impediu Lênin ou o seu Partido de cometer imediatamente outro. A *intelligentsia* técnica foi chamada de volta sob condições tais que, por certo, contribuíram para aumentar a desintegração social e o antagonismo contra o *régime*.

Enquanto os trabalhadores continuavam a passar fome, engenheiros, especialistas industriais e técnicos recebiam altos salá-

chamados de *especialistas burgueses* — aos seus antigos postos de trabalho. Essa defesa era, em grande medida, decorrente dos resultados catastróficos, quando, no primeiro ano após a revolução, a produção e distribuição ficaram sob o controle das comissões de trabalhadores, ante a dispensa de administradores, engenheiros e demais indivíduos dotados de educação e habilidades técnicas e especializadas. Essa reintegração dos especialistas burgueses foi considerada uma traição ao proletariado, mas, segundo Lênin, era imprescindível para dar continuidade ao desenvolvimento industrial da Rússia ainda em estado bastante precário. Veja, nesse sentido, a passagem do panfleto de Lênin "As tarefas imediatas do governo soviético", de 1918, com a qual Goldman parece estar aqui dialogando diretamente: "Sem a orientação de especialistas nos vários campos de conhecimento, tecnologia e experiência, a transição para o socialismo será impossível [...] O socialismo deve alcançar esse avanço à sua maneira, por meio de seus próprios métodos — ou, para colocar de modo mais concreto, através dos métodos soviéticos. E os especialistas, por conta do ambiente social que os tornou especialistas, são, em sua maioria, inevitavelmente burgueses. Se o nosso proletariado, depois de tomado o poder, tivesse resolvido rapidamente o problema da contabilidade, controle e organização em escala nacional (o que era impossível devido à guerra e ao atraso da Rússia), então, depois de eliminarmos a sabotagem, também teríamos subordinado completamente esses especialistas burgueses a nós justamente por meio da contabilidade e controle universais. Contudo, devido ao *atraso* considerável em dar conta da contabilidade e do controle em geral, conseguimos vencer a sabotagem, mas ainda não criamos as condições que colocariam os especialistas burgueses à nossa disposição. A massa de sabotadores 'vai trabalhar', mas os melhores administradores e os maiores especialistas podem ser utilizados pelo Estado tanto do modo antigo, o modo burguês (ou seja, por altos salários), ou de uma nova maneira, do modo proletário".

rios, privilégios especiais e as melhores rações. Eles se tornaram os funcionários queridinhos do Estado e os novos feitores de escravos das massas.[13] Massas que — alimentadas durante anos com o ensinamento falacioso de que apenas músculos são necessários para o sucesso da revolução e que apenas o trabalho físico é produtivo, e atiçadas pela campanha de ódio que rotulou todo intelectual de contrarrevolucionário e especulador — nunca mais fizeram as pazes com aqueles a quem foram ensinadas a desprezar e desconfiar.

Infelizmente, a Rússia não é o único país onde predomina essa atitude do proletariado contra a *intelligentsia*. Em todo lugar, demagogos manipulam a ignorância das massas, ensinam-lhes que a educação e a cultura são preconceitos burgueses, que os trabalhadores podem se virar sem isso, e que sozinhos são capazes de reconstruir a sociedade. A Revolução Russa deixou muito claro que tanto o cérebro quanto os músculos são indispensáveis ao trabalho de regeneração social. O trabalho intelectual e o físico estão intimamente relacionados no interior do corpo social, assim como estão, no organismo humano, o cérebro e a mão. Um não pode funcionar sem o outro.

É verdade que a maioria dos intelectuais se considera uma classe à parte e superior à dos trabalhadores, mas, em todo lugar, as condições sociais estão demolindo em velocidade lancinante esse pedestal elevado no qual a *intelligentsia* se colocou. Os intelectuais estão sendo obrigados a enxergar que também são proletários, e inclusive mais dependentes dos senhores da economia do que o trabalhador braçal. Diferentemente do proletário

---

13. É uma amarga ironia do destino que a *intelligentsia* técnica — em geral, adepta à ideologia burguesa antes da revolução — tenha se tornado uma classe dominante sob o governo bolchevique (ainda que desprovida de poder político); enquanto a outra *intelligentsia*, representante do "passado revolucionário, glorioso e centenário" nas palavras de Goldman, e a verdadeira responsável por preparar o solo para a Revolução Russa — a que podemos entender como formada por livres pensadores e artistas —, tenha sido liquidada pelos bolcheviques no sentido literal, com as execuções e deportações, e no sentido espiritual, com a censura e a repressão ideológica.

manual, que pode pegar as suas ferramentas e vagar pelo mundo em busca de uma chance de mudar a sua situação precária, os proletários intelectuais têm as suas raízes mais firmemente arraigadas em seu ambiente social particular e não podem mudar tão facilmente a sua ocupação ou modo de vida. Portanto, é de extrema importância deixar clara para os trabalhadores essa rápida proletarização dos intelectuais que está em curso, além do laço comum que, com isso, é criado entre eles. Se o mundo ocidental quiser aproveitar as lições tiradas da Rússia, precisa dar fim ao enaltecimento demagógico das massas e ao antagonismo cego contra a *intelligentsia*. Isso não significa que os trabalhadores braçais devam depender dos intelectuais. Ao contrário: as massas devem começar agora mesmo a se preparar e a se aparelhar para a grande tarefa que a revolução colocará sobre elas. É preciso que adquiram o conhecimento e as habilidades técnicas necessárias para a condução e direção do intrincado mecanismo da estrutura industrial e social de seus respectivos países. Ainda assim, mesmo no melhor dos casos, os trabalhadores precisarão da cooperação dos especialistas técnicos, intelectuais e artistas — que, por sua vez, também precisam perceber que os seus verdadeiros interesses são idênticos aos das massas. À medida que essas duas forças sociais aprendam a se fundir num todo harmonioso, os aspectos trágicos da Revolução Russa poderão ser, em grande parte, eliminados. Ninguém será executado porque teve *acesso à educação*.[14] O cientista, o engenheiro, o especia-

14. A passagem entre aspas se refere a uma inscrição vista por Goldman numa das paredes da Fortaleza de Pedro e Paulo, em São Petersburgo, na ocasião de uma visita no primeiro semestre de 1920. A Fortaleza ganhou fama por ter se convertido, pouco depois da sua inauguração em 1703, na principal prisão para criminosos políticos da Rússia czarista, uso mantido nos primeiros anos do governo bolchevique até pouco antes da visita de Goldman (em 1924 foi transformada num museu). A visita é narrada no Capítulo XIV de *Minha desilusão com a Rússia*. Vale citar a comovente passagem na qual ela narra o momento em que se deparou com a inscrição: "O guia designado para nos conduzir pelos diferentes revelins trabalhava na prisão já há dez anos. Ele conhecia cada pedra do lugar. Mas o silêncio me falou mais alto do que todas

lista, o pesquisador, o educador e o artista criativo, assim como o carpinteiro, o maquinista e os demais trabalhadores são parte da mesma força coletiva que fará da revolução o grande arquiteto do novo edifício social. Não o ódio, mas a unidade; não o antagonismo, mas o companheirismo; não a execução sumária, mas a simpatia — essa é a lição da grande *débâcle* russa para a *intelligentsia* e para os trabalhadores. Todos precisam aprender o valor da ajuda mútua e da cooperação libertária. Cada um precisa ser capaz de assegurar a própria independência na sua esfera particular e, ao mesmo tempo, se manter em harmonia com o que de melhor pode oferecer à sociedade. Somente através desse caminho, o trabalho produtivo e a formação educacional e cultural poderão se expressar em formas cada vez mais inovadoras e ricas. Para mim, esse é o significado vital e completo da moral ensinada pela Revolução Russa.

IV

Nas páginas anteriores, tentei deixar claro por que os princípios, os métodos e as táticas dos bolcheviques falharam, assim como

as informações dadas pelo guia. Os mártires que se debateram com suas asas contra aquelas pedras frias, lutando para voar em direção à luz e ao ar, ganharam vida diante de mim. Os decembristas, Tchernichévski, Dostoiévski, Bakunin, Kropotkin e muitos outros falaram em uníssono com suas milhares de vozes sobre o seu idealismo social e sobre o seu sofrimento pessoal — sobre as suas grandes esperanças e fé ardente na libertação suprema da Rússia. Agora, os espíritos inquietos daqueles heróis mortos podem descansar em paz: o seu sonho se tornou realidade. Mas o que são esses estranhos dizeres na parede? 'Esta noite serei fuzilado porque tive acesso à educação'. Eu quase perdi a consciência da realidade. A inscrição fez isso comigo. 'O que é isto?' Perguntei ao guarda. 'Essas são as últimas palavras de um intelectual', respondeu ele. 'Depois da Revolução de Outubro, os membros da *intelligentsia* encheram esta prisão. Daqui eles foram levados e fuzilados, ou enfiados em barcos para nunca mais voltar. Foram dias terríveis e noites ainda mais terríveis'. E eis que o sonho daqueles que deram a vida pela libertação da Rússia não se realizou, no final. Há alguma mudança no mundo? Ou tudo não passa do eterno retorno da desumanidade no ser humano para com o ser humano?".

defendi que, caso princípios e métodos semelhantes sejam aplicados em outros países, inclusive nos mais desenvolvidos industrialmente, é inevitável que também falhem. Além disso, tentei mostrar que não foi apenas o bolchevismo que falhou, mas o próprio marxismo. Ou seja: a experiência da Revolução Russa provou a absoluta falência da *ideia de Estado*, do princípio autoritário. Se fosse para resumir todo o meu argumento numa única frase, eu diria o seguinte: a característica inerente ao Estado é concentrar, restringir e monopolizar todas as atividades sociais; a natureza da revolução, pelo contrário, é crescer, expandir e disseminar-se em círculos cada vez maiores. Em outras palavras, o Estado é institucional e estático; a revolução é fluente e dinâmica. Essas duas tendências são incompatíveis e mutuamente destrutivas. A ideia de Estado matou a Revolução Russa e levará ao mesmo resultado qualquer outra revolução, a menos que *a ideia libertária prevaleça*.

Entretanto, vou ainda mais longe. O bolchevismo, o marxismo e o governamentalismo não são fatais apenas para a revolução, mas também para todo progresso vital da humanidade. A principal causa da derrota da Revolução Russa é muito mais profunda. Diz respeito à concepção socialista de revolução como um todo.

A ideia dominante de revolução, a mais conhecida — que é, precisamente, a ideia socialista —, postula que a revolução é uma mudança violenta das condições sociais, por meio da qual uma determinada classe social, a trabalhadora, se torna dominante sobre outra classe, a capitalista. Trata-se de uma concepção de transformação exclusivamente material e, sendo assim, envolve tão somente realocações no cenário político e rearranjos institucionais. A ditadura da burguesia é substituída pela *ditadura do proletariado* — ou pela ditadura da sua *guarda avançada*, o Partido Comunista; Lênin ocupa a cadeira dos Romanov, o Gabinete Imperial é rebatizado de Soviete dos Comissários do Povo, Trótski é nomeado Ministro da Guerra, e um trabalhador torna-se governador militar de Moscou.[15] Eis aí a essência da concepção bolchevique de revolução, conforme foi traduzida na prática. Com uma ou outra alteração insignificante, essa é a ideia de revolução defendida por todos os outros partidos socialistas.

Essa concepção é, na sua própria natureza, falsa e fatal. De fato, a revolução é um processo violento. Mas se for para resultar apenas numa mudança de ditadura, numa simples troca de nomes e de personalidades políticas, então simplesmente não vale a pena. Não vale toda a luta e sacrifício, a perda imensurável de vidas humanas e de valores culturais que resultam de uma revolução. E mesmo que esse tipo revolução trouxesse um maior bem-estar social à população em geral (o que, de todo modo, não ocorreu na Rússia), tampouco valeria o preço terrível a ser pago; pois melhorias podem ser conseguidas sem o derramamento de sangue inexorável à revolução. Conforme concebo, o verdadeiro objetivo e propósito de uma revolução em nada estão relacionados a medidas paliativas ou reformas.

Na minha opinião — mil vezes reforçada pela experiência russa —, a grande missão da revolução, da *revolução social*, é uma *transvaloração fundamental de todos os valores*. Uma transvaloração não apenas dos valores sociais, mas também dos valores humanos. Esses últimos são inclusive mais importantes, pois constituem o fundamento de todos os valores sociais. Nossas instituições e condições de existência baseiam-se em ideias profundamente arraigadas. Modificar essas instituições e condições e, ao mesmo tempo, deixar intactas as ideias e valores a elas subjacentes significa uma transformação meramente superficial, incapaz de perdurar ou de trazer alguma melhoria real.[16] Trata-

15. Goldman, provavelmente, está se referindo ao bolchevique oriundo da classe trabalhadora Viktor Nogin (1878–1924) que, em 1917, foi o primeiro comunista a ocupar o cargo equivalente ao de governador de Moscou.
16. Aqui, a referência ao conceito nietzschiano de *transvaloração de todos os valores* é ainda mais direta do que a feita anteriormente. Note-se que Goldman também se filia, nessa passagem, a uma das concepções centrais da filosofia

-se de uma mudança apenas na forma, não na substância, como foi demonstrado tão tragicamente pela Rússia.

É, ao mesmo tempo, o grande fracasso e a grande tragédia da Revolução Russa que se tenha tentado (por meio da liderança do partido político no poder) transformar apenas as instituições e as condições materiais, enquanto os valores humanos e sociais envolvidos numa revolução tenham sido completamente ignorados. E pior do que isso: na sua paixão louca pelo poder, o Estado comunista fortaleceu e aprofundou as ideias e concepções que a Revolução veio justamente para destruir. O Estado comunista apoiou e encorajou as piores inclinações antissociais e destruiu sistematicamente os novos valores revolucionários que então já haviam sido despertos. O senso de justiça e igualdade, o amor pela liberdade e pela fraternidade entre todas as pessoas — os fundamentos da verdadeira regeneração da sociedade — foram suprimidos pelo Estado Comunista até o ponto do extermínio. O senso instintivo de equidade foi estigmatizado como fraqueza sentimentalista; a dignidade e liberdade humanas tornaram-se superstições burguesas; a santidade da vida, que é a própria essência da reconstrução social, foi condenada como não revolucionária, quase como contrarrevolucionária. Tamanha perversão dos valores fundamentais trouxe consigo a semente da destruição. Ante a concepção de que a revolução era apenas o meio de alcançar o poder político, era inevitável que todos os valores revolucionários fossem subordinados às necessidades do Estado Socialista; mais precisamente, que fossem explorados para garantir a segurança do recém-adquirido poder governamental. *Razões de Estado* escamoteadas em *interesses da revolução e do povo* tornaram-se o único critério para a ação, e inclusive para o sentimento. A violência — essa trágica necessidade das convulsões revolucionárias — tornou-se um costume bem estabelecido, um hábito; e, recentemente, foi consagrada como a instituição

---

tardia de Nietzsche: a de que os valores são o sustentáculo e o fundamento das mais diversas manifestações da cultura e da civilização.

mais poderosa e ideal. Zinoviev não canonizou Dzerzhinski, o cabeça da sanguinária Tcheka, como o *santo da revolução*?[17] O Estado não concedeu as mais altas honrarias públicas a Uritski, o fundador e chefe sádico da Tcheka de Petrogrado?[18]

Essa perversão dos valores éticos logo se cristalizou no slogan onipresente do Partido Comunista: *o fim justifica todos os meios*. No passado, de modo semelhante, a Inquisição e os jesuítas adotaram esse lema e subordinaram a ele toda a sua moralidade. E eis que ela se vingou dos jesuítas, como se vingou da Revolução Russa. Pois na esteira de tal *slogan* só há a mentira, o engano, a hipocrisia, a traição e o assassinato — seja de modo aberto ou secreto. É de extrema importância para os alunos de psicologia social que esses dois movimentos tão absurdamente distantes no tempo e nas ideias — sendo estes o jesuitismo e o bolchevismo — tenham *alcançado resultados semelhantes* na evolução do princí-

17. Grigori Zinoviev (1883–1936) era então uma das lideranças mais proeminentes do Partido Comunista. Com a morte de Lênin, em 1924, foi ele que, em conjunto com Stálin e Kamenev, formou o triunvirato que veio a desbancar Trótski. Contudo, vale lembrar que, um ano depois, sua relação com Stálin começou a vacilar, o que lhe rendeu expulsões e readmissões ao Partido até ser fuzilado em 1936, a mando do próprio Stálin, na ocasião do Grande Expurgo. Já Felix Edmundovich Dzerzhinski (1877–1926), como sugere Goldman, foi um dos fundadores da *Comissão Extraordinária de Toda a Rússia para o Combate à Contrarrevolução e Sabotagem*, a popularmente conhecida como Tcheka, da qual ocupou o cargo de presidente da inauguração, em dezembro de 1917, até a sua reestruturação, com o fim da Guerra Civil na GPU e posteriormente na OGPU — das quais também ocupou o cargo de presidente até a sua morte em 1926. Por mais estranho que possa parecer, Dzerzhinski ficou conhecido entre seus pares como um homem de grande convicção, honestidade e incorruptibilidade, daí a alcunha dada por Zinoviev, como relatado por Goldman.
18. Moisei Solomonovich Uritski (1873–1918) foi vítima de um atentado perpetrado pelo jovem Leonid Kannegisser, em 1918 — que, pelo que se conta, tinha o objetivo de vingar a morte de um amigo seu pela Tcheka de Petrogrado. Alguns historiadores atuais defendem que os métodos de Uritski eram, na verdade, moderados, quando comparados aos de seus pares, como Dzerzhinski. Uma das principais homenagens a esse *herói* bolchevique assassinado foi a renomeação da Praça do Palácio, a mais importante de São Petersburgo, com o seu nome no mesmo ano da sua morte — o que só foi modificado em 1944.

pio de que o fim justifica todos os meios. Esse paralelo histórico, praticamente ignorado até agora, contém uma das lições mais importantes para todas as revoluções vindouras e para o futuro da humanidade.

Não há falácia maior do que a crença de que objetivos e propósitos são uma coisa e métodos e táticas, outra. Essa concepção é uma ameaça verdadeiramente terrível à regeneração social. Toda experiência humana ensina que métodos e meios não podem ser separados do seu objetivo final. Os meios empregados tornam-se, através do hábito individual e da prática social, parte integrante do propósito final; os meios exercem influência sobre o fim, modificam-no, até que, ambos, fim e meios, tornam-se idênticos. Desde o primeiro dia que cheguei na Rússia, eu senti isso, a princípio vagamente, depois de modo cada vez mais consciente e claro. Os objetivos grandiosos e verdadeiramente inspiradores da revolução tornaram-se tão obnubilados e obscurecidos pelos métodos utilizados pelo poder político governante, que era difícil distinguir entre os meios temporários e o propósito final. Tanto no sentido psicológico, quanto no social, os meios influenciam e alteraram necessariamente os objetivos. Toda a história da humanidade é uma prova contínua da máxima de que despojar os métodos de princípios éticos significa afundar nas profundezas da desmoralização absoluta. Aí reside a verdadeira tragédia da filosofia bolchevique tal como aplicada à Revolução Russa. Que essa lição não seja em vão.

Uma revolução só pode triunfar como um fator de libertação, se os *meios* utilizados para fomentá-la forem idênticos, em espírito e inclinação, aos *propósitos* a serem atingidos. Revolução é a negação do existente, um protesto violento contra a desumanidade do homem para com o homem, contra todas as mil e uma formas de escravidão que a desumanidade abarca. A revolução é a destruidora dos valores dominantes — sobre os quais um complexo sistema de injustiça, opressão e erro foi erigido, por meio da ignorância e da brutalidade. A revolução é o arauto de *novos valores*, traz consigo a transformação das relações mais básicas entre os seres humanos e desses para com sociedade. A revolução não pode ser reduzida a meras reformas, cujo objetivo é remendar alguns dos males sociais; não visa a simples troca de formas e instituições; nem apenas a redistribuição do bem-estar social. A revolução abrange tudo isso, mas também abrange mais, muito mais. Em primeiro lugar, ela é a *transvaloradora*, é a portadora de novos valores. É a grande *professora* da *nova ética*, que inspira os seres humanos com um novo conceito de vida que deve se manifestar em todos os diferentes âmbitos das relações sociais. A revolução é, na sua natureza mais íntima, uma regeneração mental e espiritual.

O seu primeiro preceito ético é a identidade dos meios utilizados e dos objetivos buscados. O fim último de todas as mudanças sociais revolucionárias é estabelecer a santidade da vida humana, a dignidade do homem, o direito de todo ser humano à liberdade e bem-estar. A menos que seja esse o objetivo essencial da revolução, mudanças sociais pela via da violência simplesmente não têm qualquer justificativa. Pois mudanças sociais *externas* podem ser — e têm sido — alcançadas no curso do processo normal de evolução. A revolução, ao contrário, significa não uma simples mudança *externa*, mas uma mudança *interna*, elementar e fundamental. É essa mudança interna de conceitos e ideias que, ao permear estratos sociais de modo cada vez mais amplo, culmina, finalmente, na violenta sublevação conhecida como revolução. Pode esse clímax reverter o processo de transvaloração, voltar-se contra ele, traí-lo? Bem, foi o que aconteceu na Rússia. Em vez disso, porém, a revolução fomenta e acelera o processo do qual ela é a expressão cumulativa; sua principal missão é inspirar esse processo, é conduzi-lo às alturas mais elevadas e possibilitar-lhe o mais completo escopo de expressão. Somente assim a revolução permanece verdadeira para si mesma.

Na prática, isso significa que o período da revolução propriamente dita, o chamado estágio transitório, deve ser a introdução, o prelúdio de novas condições sociais. Esse período é a soleira da *nova vida*, da nova *casa do homem e da humanidade*. Consequentemente, deve ser o próprio espírito da nova vida, em harmonia com a construção do novo edifício.

O dia de hoje é a mãe do dia de amanhã. O presente projeta sua sombra no futuro. Essa é a lei da vida — individual e social. Uma revolução que se despoja de valores éticos termina por estabelecer os fundamentos da injustiça, da falsidade e da opressão para a sociedade futura. Os *meios* utilizados para *preparar* o futuro são a *pedra angular* do próprio futuro. Basta que testemunhemos a situação trágica da Rússia. Os métodos de centralização estatal paralisaram a iniciativa e os esforços individuais; a tirania da ditadura reduziu o povo à submissão servil e quase extinguiu a chama da liberdade; o terrorismo organizado depravou e brutalizou as massas, reprimiu todas as aspirações idealistas; o assassinato institucionalizado degradou a vida humana — e todo o sentido da dignidade do homem e do valor da vida foram eliminados; a vigilância sobre cada passo tornou a diligência amarga e o trabalho uma punição, transformou a totalidade da existência num esquema de enganação mútua e reanimou os instintos mais baixos e mais brutais do ser humano. Triste herança para começar uma nova vida de liberdade e fraternidade.

Nunca será exagero repetir que toda revolução é vã, exceto quando inspirada pelo seu ideal último. Métodos revolucionários precisam estar em sintonia com os objetivos revolucionários. Os meios utilizados para fomentar a revolução devem estar em harmonia com os seus propósitos. Em suma: os valores éticos sobre os quais a revolução busca estabelecer uma nova sociedade precisam ser *introduzidos* através das atividades revolucionárias do chamado período de transição. Esse período só poderá servir como ponte real e confiável para uma vida melhor, se for feito com o mesmo material que o da vida que almeja alcançar. A Revolução é o espelho do novo dia que se aproxima; é a criança que se tornará o Homem do Amanhã.

Não há comunismo na Rússia[1]

I

O comunismo está na boca do povo. Alguns falam sobre ele com o entusiasmo exagerado de um novo convertido, outros o temem terrivelmente e o denunciam como uma grande ameaça social. Do meu lado, arrisco dizer que nem os seus admiradores — ao menos, a grande maioria deles — nem os que o denunciam possuem uma ideia muito clara do que o comunismo bolchevique realmente é.

Em termos gerais, o comunismo é o próprio ideal de igualdade e fraternidade humanas. Ele considera a exploração do homem pelo homem como a origem de toda escravidão e opressão. Defende que a desigualdade econômica conduz necessariamente à injustiça social e é a grande inimiga do progresso moral e intelectual. O comunismo visa estabelecer uma sociedade em que as classes serão abolidas, em decorrência da coletivização da propriedade dos meios de produção e distribuição. Ele ensina que apenas numa comunidade sem classes e solidária o ser humano pode desfrutar da liberdade, paz e bem-estar.

1. Texto publicado, originalmente, no jornal *American Mercury* em 1935. Conforme relatou Goldman, no jornal *The Nation* no mesmo ano, seu título original era "Dois comunismos: bolchevique e anarquista". Os editores do *American Mercury* não só modificaram o título sem o conhecimento da autora, como suprimiram a parte em que tratava do comunismo anarquista (que, para ela, era a mais importante, por ser a propositiva).

Meu objetivo inicial era o de comparar o comunismo com a sua aplicação na Rússia Soviética, mas, ao refletir mais detidamente, pude perceber que essa tarefa é impossível. Pois a verdade é que não há comunismo na URSS. O Partido Comunista de lá não aplica nenhum princípio comunista, sequer um único elemento dos seus ensinamentos.

Para alguns, essa declaração pode soar totalmente falsa; outros podem pensar que se trata de um grande exagero. No entanto, tenho certeza de que o exame objetivo das condições atuais da Rússia convencerá o leitor imparcial de que falo a mais absoluta verdade.

Em primeiro lugar, é preciso considerar que a ideia fundamental subjacente ao pretenso comunismo dos bolcheviques é abertamente de tipo autoritário e centralizado. Ou seja: um comunismo que se fundamenta, de modo quase exclusivo, na coerção governamental, na violência. Não diz respeito ao comunismo das associações voluntárias. Trata-se de um comunismo de Estado compulsório. É preciso ter isso em mente de modo a compreender o método aplicado pelo Estado Soviético para levar a cabo os seus planos sob a aparência de comunista.

O primeiro requisito do comunismo é a socialização da terra e da maquinaria de produção e distribuição. A terra e a maquinaria, quando socializadas, pertencem ao povo e passam a ser geridas e utilizadas por indivíduos e grupos segundo as suas necessidades. Na Rússia, as terras e a maquinaria não foram socializadas, mas *nacionalizadas* — termo empregado de modo claramente equivocado, completamente desprovido de conteúdo. Na vida real, não existe algo como uma riqueza nacional. *Nação* é um termo demasiado abstrato para *possuir* alguma coisa. A propriedade pode pertencer a um indivíduo ou a um grupo de indivíduos; em qualquer caso, pertence a algo real que pode ser definido quantitativamente. Quando uma determinada coisa não pertence nem a um indivíduo e nem a um grupo, ou ela é nacionalizada, ou é socializada. Se for nacionalizada, pertence ao Estado; ou seja: o governo tem controle sobre ela e pode dispor dela a partir de seus desejos e concepções. Entretanto, quando uma coisa é socializada, isso significa que cada indivíduo tem livre acesso a ela e pode utilizá-la sem a interferência de ninguém.

Na Rússia, não há socialização nem da terra, nem dos meios de produção e distribuição. Tudo é nacionalizado; pertence ao governo, exatamente o mesmo caso dos correios na América e das ferrovias na Alemanha e em outros países europeus. Não há nada de comunismo nisso.

Tal como a terra e os meios de produção, nenhum outro aspecto da estrutura econômica soviética é comunista. Todas as fontes de existência são propriedades do governo central; ele detém o monopólio absoluto do comércio exterior; todas as gráficas pertencem ao Estado: cada livro, cada pedaço de papel impresso é publicado pelo governo. Em suma, o país inteiro com tudo o que há nele são propriedades do Estado, do mesmo modo que, antigamente, eram propriedades da coroa. As poucas coisas que ainda não foram nacionalizadas — caso, por exemplo, de algumas casas antigas e deterioradas de Moscou, e de algumas lojinhas lúgubres com seus estoques lamentáveis de cosméticos — só perduram por uma tolerância tácita; dado que o governo tem o direito indiscutível e incontestável de confiscá-las, a qualquer momento, por meio de um simples decreto.

Um tal estado de coisas pode até ser chamado de capitalismo de Estado, mas é completamente fantástico considerá-lo, em qualquer sentido que seja, comunista.

II

Voltemo-nos agora para a produção e o consumo, as alavancas de toda a existência. Talvez, nelas, possamos encontrar algum grau de comunismo que justifique, ao menos em certa medida, que chamemos a vida na Rússia de comunista.

Já mencionei que a terra e a maquinaria de produção são propriedades do Estado. Os métodos de produção e as quantidades que devem ser fabricadas por cada indústria, usina, oficina e fábrica são determinados pelo Estado, pelo governo central — por Moscou — através dos seus vários órgãos.

A Rússia é um país de extensão gigantesca, cobre cerca de um sexto da superfície da Terra; possui uma população mista de 165.000.000 de habitantes. É composta por uma série de grandes repúblicas com diferentes raças e nacionalidades, de modo que cada região possui interesses e necessidades particulares. Não há dúvida de que um planejamento industrial e econômico é uma necessidade vital para o bem-estar da sua comunidade. O verdadeiro comunismo — isto é, a igualdade econômica entre os homens e entre as comunidades — exige o melhor e mais eficaz planejamento de cada comunidade, que deve estar baseado nas demandas e possibilidades locais. Na base desse planejamento deve estar contemplada a total liberdade para cada comunidade produzir e dispor de seus produtos conforme as suas necessidades e de acordo com o seu julgamento; ou seja: a liberdade de trocar o seu excedente com outras comunidades igualmente independentes, sem que haja permissão ou impedimento da parte de qualquer autoridade externa.

Essa é a essência político-econômica do comunismo — que não é viável nem possível sobre qualquer outra base. O fundamento do comunismo é inexoravelmente libertário, anarquista.

Não há nenhum traço desse tipo de comunismo — ou melhor, de qualquer comunismo — na Rússia Soviética. Na verdade, a simples sugestão de um sistema como esse é por lá considerada um crime, e qualquer tentativa de levar algo dessa natureza adiante é punida com a morte.

O planejamento industrial e todo o processo de produção e distribuição estão nas mãos do governo central. O Conselho Econômico Supremo está sujeito exclusivamente à autoridade do Partido Comunista. É completamente independente da vontade e dos desejos das pessoas que fazem parte da União das Repúblicas Socialistas Soviéticas. Seu trabalho é dirigido pelas políticas e decisões do Kremlin. Isso explica por que a Rússia Soviética exportou quantidades enormes de trigo e outros grãos, enquanto uma grande parte das regiões sul e sudeste eram atingidas pela escassez de alimentos, o que levou mais de dois milhões de pessoas a morrerem de fome entre os anos de 1932 e 1933.[2]

Havia *razões de Estado* para isso. Desde tempos imemoriais, a eufonia tem mascarado a tirania, a exploração e a determinação de todo governante em prolongar e perpetuar o seu governo. Nesse sentido, devo ainda mencionar que, apesar da fome alastrada por todo o país e da carência das necessidades mais básicas na vida da Rússia, todo o Primeiro Plano Quinquenal foi destinado a desenvolver o ramo da indústria pesada que serve (ou pode ser destinada a servir) a propósitos militares.[3]

O que se dá com a produção ocorre também com a distribuição e com todas as outras formas de atividade. Não apenas

2. Adiante, Goldman declara que uma das principais causas da fome soviética de 1932–1933 foi a coletivização forçada de terras imposta pelo governo stalinista sob o pretexto da mecanização da produção agrícola para o aumento da produtividade, já que o cultivo do solo ainda era bastante primitivo. Mas o fim último do aumento da produtividade agrícola não era alimentar melhor a população (já faminta), mas exportar em larga escala — o que, do seu lado, garantiria a verba para a importação de equipamentos necessários ao crescimento da indústria pesada voltada a propósitos *militares* (como Goldman também nos informa logo a seguir). A exigência das cotas de grãos estipuladas pelo governo às fazendas coletivas foi implacável a ponto de deixar os camponeses sem alimentos; da mesma maneira, foram implacáveis as represálias contra as aldeias e grupos de camponeses que resistiram à coletivização. De um modo geral, os camponeses se viram desestimulados a trabalhar ante mudanças que, na prática, pareciam reinaugurar, mais uma vez, a servidão. A situação dos camponeses ucranianos foi a mais grave. Não são poucos os historiadores que defendem que ali houve, mais do que o efeito colateral da guerra, um genocídio deliberado (uma catástrofe que ficou conhecida como Holomodor, recentemente reavivada na memória coletiva pela Guerra Russo-Ucraniana). Embora Goldman se refira aqui a dois milhões de mortos, as estimativas atuais apontam para mais de três milhões (com algumas, inclusive, indo muito além desse número).

3. Além de ignorar a carência do campesinato, o primeiro Plano Quinquenal (1928–1932) de Stálin, que substituiu a Nova Política Econômica de Lênin, viu na coletivização forçada de terras e, portanto, na exploração deliberada dos camponeses, o principal meio para o desenvolvimento da indústria que, como Goldman nos informa aqui, tinha propósitos militares.

as cidades e os vilarejos, mas todas as partes constituintes da União Soviética estão desprovidas de qualquer independência. Politicamente, não passam de vassalos de Moscou, todas as suas atividades econômicas, sociais e culturais são planejadas, definidas e impiedosamente controladas pela *ditadura do proletariado* de Moscou. E mais: as vidas de cada localidade e até mesmo de cada indivíduo, nas chamadas repúblicas *socialistas*, são administradas nos mínimos detalhes pela *linha geral* imposta pelo *centro*. Em outras palavras, pelo Comitê Central e pelo Politburo do Partido, que são ambos controlados, de modo absoluto, por um único homem: Stálin. Chamar de comunismo esse tipo de ditadura, essa autocracia pessoal ainda mais poderosa e absoluta do que qualquer czarismo, é para mim o cume da imbecilidade.

III

Vejamos agora como o *comunismo* bolchevique afeta a vida das massas e dos indivíduos.

Existem pessoas ingênuas o suficiente para acreditar que, pelo menos, algumas características do comunismo foram introduzidas na vida do povo russo. Eu gostaria que isso fosse verdade, porque seria um sinal de esperança, uma promessa de um desenvolvimento potencial nessa direção. Mas a verdade é que, em nenhum dos âmbitos da vida na União Soviética, nem no que diz respeito às relações sociais nem às individuais, houve qualquer tentativa de aplicar os princípios comunistas sob alguma das suas formas. Como mencionei antes, a mera sugestão de um comunismo livre e voluntário é um tabu na Rússia e pior do que isso: é considerada uma atitude contrarrevolucionária, um crime de alta traição contra o infalível Stálin e o seu sagrado Partido *Comunista*.

E note-se que aqui não estou falando de um comunismo libertário, anarquista. O que eu estou fazendo questão de frisar é que não há o menor sinal de comunismo na Rússia soviética — nem mesmo o de tipo autoritário, o comunismo de Estado. Basta darmos uma olhada nos fatos da vida cotidiana por lá.

A essência do comunismo, mesmo o do tipo coercitivo, é a ausência de classes sociais. A introdução da igualdade econômica é o primeiro passo. Essa é a base de todas as filosofias comunistas, ainda que possam diferir nos demais aspectos. O propósito comum de todas essas filosofias sempre foi o de assegurar a justiça social; todas elas concordam que o comunismo não é possível sem a igualdade econômica. Mesmo Platão, a despeito da casta intelectual e moral da sua República, defendeu a absoluta igualdade econômica, uma vez que a classe dirigente não gozaria de maiores direitos ou privilégios do que os grupos sociais mais baixos.

Ainda que sob risco de ser condenada simplesmente por dizer a verdade, é uma obrigação que eu declare, categórica e incondicionalmente, que o oposto de tudo isso é o que tem ocorrido na Rússia Soviética. O bolchevismo não aboliu as classes na Rússia: apenas inverteu as suas relações precedentes. Dito de modo mais preciso: ele multiplicou as divisões sociais que existiam antes da Revolução.

Quando cheguei na Rússia Soviética em janeiro de 1920, me deparei com inúmeras categorias econômicas, que se distinguiam pelas rações alimentares recebidas do governo. Os marinheiros recebiam a melhor ração — superior em qualidade, quantidade e variedade aos alimentos fornecidos para o restante da população. Eles eram os aristocratas da Revolução: no campo econômico e social, todos os consideravam pertencentes às novas classes privilegiadas. Depois deles vinham os soldados, os homens do Exército Vermelho, que recebiam uma quantidade de ração muito menor, e bem menos pão. Nessa escala, abaixo dos soldados, estavam os trabalhadores das indústrias militares; e depois deles vinham os demais trabalhadores, subdivididos em: qualificados, artesanais, braçais etc. Cada categoria recebia um pouco menos de pão, um pouco menos de banha, açúcar, tabaco e outros produtos (quando era o caso de terem acesso a todos eles). Os membros da antiga burguesia, classe oficialmente abolida, pertenciam à última categoria econômica e não recebiam praticamente nada. A maioria deles não podiam arranjar trabalho, nem de alojamento; e era um problema exclusivo deles o que fariam para sobreviver, se recorreriam ao roubo ou se juntariam a exércitos contrarrevolucionários e bandos de ladrões.

A posse do cartão vermelho, comprovando a filiação ao Partido Comunista, colocava o seu portador acima de todas essas categorias. Garantia-lhe uma ração especial, habilitava-o a comer no *stolovaya* (refeitório) do Partido; e, especialmente, quando referendado pelos seus membros superiores, provia-o com roupas de baixo quentes, botas de couro, um casaco de pele e outros artigos valiosos. Esses homens mais proeminentes do Partido tinham, do seu lado, os seus próprios refeitórios, aos quais os membros ordinários não tinham acesso. Em Smolny, por exemplo, então sede do governo de Petrogrado, havia dois refeitórios diferentes: um para comunistas em posições elevadas e outro para comunistas em posições inferiores.[4] Zinoviev, então presidente do Soviete de Petrogrado e autocrata virtual do Distrito Norte, e outros cabeças do governo faziam suas refeições em casa, isto é, no Astoria, anteriormente o melhor hotel da cidade, que foi transformado na primeira casa soviética, onde esses comunistas viviam com suas famílias.[5]

Posteriormente, soube que a mesma situação ocorria em Moscou, em Kharkov, em Kiev, em Odessa — em todos os lugares da Rússia Soviética.

Esse era o *comunismo* do sistema bolchevique. Os seus efeitos foram catastróficos: a insatisfação, o ressentimento e o antagonismo se alastraram por todo o país, e o resultado foi a sabotagem na indústria e na agricultura, greves, revoltas — e por aí vai.

4. O prédio em Smolny aqui referido por Goldman como, na época, sede do governo de Petrogrado, foi construído, entre 1806–1808, para abrigar a primeira instituição de educação para mulheres da aristocracia russa, o Instituto Smolny para Nobres Donzelas. Com a Revolução, o prédio funcionou, num primeiro momento, como sede do governo bolchevique, sendo então ocupado pelo próprio Lênin, até a transferência da capital para Moscou em março de 1918.
5. Embora tenha sido redirecionado para fins comerciais em 1922 com a NEP, o hotel cinco estrelas Astoria, então o prédio mais luxuoso de São Petersburgo, foi, após a Revolução, nacionalizado e rebatizado "Primeira Casa do Soviete de Petrogrado".

Foi dito que o homem não vive só de pão. Isso é verdade, mas também não pode viver sem ele. Para o homem comum, para as massas da Rússia, as diferentes rações instituídas no país, para cuja libertação haviam dado o próprio sangue, converteram-se no símbolo do novo regime. O símbolo da grande mentira do bolchevismo, das promessas de liberdade não cumpridas, porque liberdade significa justiça social e igualdade econômica. O instinto das massas raramente está errado; nesse caso, se provou profético. Por que deveríamos nos admirar, então, que o entusiasmo geral para com a revolução tenha rapidamente se transformado em desilusão e amargura e daí em oposição e ódio? Quantas vezes os trabalhadores russos reclamaram para mim:

O que nos incomoda não é trabalhar duro e passar fome. É a injustiça que nos consome. Se o país é pobre, se há pouco pão, então a gente divide o pouco que há, mas dividimos igualmente. O jeito que as coisas estão agora é o mesmo de antes; alguns ganham mais, outros menos, e há os que não recebem nada.

O sistema bolchevique de privilégios e desigualdades não tardou em produzir os seus resultados inevitáveis. Ele criou e fomentou antagonismos sociais; alienou as massas da revolução, paralisou os interesses e as energias envolvidos nela, e, desse modo, derrotou todos os propósitos revolucionários.

O mesmo sistema de privilégios e desigualdades, fortalecido e aperfeiçoado, está em vigor atualmente.

A Revolução Russa foi, no seu sentido mais profundo, uma sublevação social — sua tendência fundamental era libertária; seu objetivo essencial, a igualdade econômica e social. Muito antes daqueles dias de outubro e novembro de 1917, o proletariado citadino começou a tomar posse das usinas, oficinas e fábricas, enquanto os camponeses expropriavam as grandes propriedades e tornavam comunal o uso da terra. O desenvolvimento contínuo da revolução na sua direção comunista dependia da unidade das forças revolucionárias e da iniciativa livre, direta e criativa das massas trabalhadoras. As pessoas estavam entusiasmadas com o grande objetivo que se colocava diante delas; com ardor, aplicavam as suas energias no trabalho de reconstrução social. Pois é uma verdade que apenas aqueles que durante séculos carregaram os fardos mais pesados são capazes de, por meio do esforço livre e sistemático, encontrar o caminho para uma sociedade nova e regenerada.

Mas eis que os dogmas dos bolcheviques e o seu estatismo *comunista* se provaram uma verdadeira fatalidade para as atividades criativas das pessoas. A característica fundamental da psicologia bolchevique é desconfiar das massas. As suas teorias marxistas que justificavam a centralização do poder exclusivamente nas mãos do Partido, rapidamente, resultaram na destruição da cooperação revolucionária, na supressão brutal e arbitrária de todos os outros partidos e movimentos políticos. As táticas bolcheviques incluíam a erradicação sistemática do menor sinal de insatisfação, o sufocamento das críticas, a destruição de toda opinião independente, das iniciativas e esforços populares. A ditadura comunista, com a sua centralização mecanizada e extrema, atravancou as atividades econômicas e industriais do país. As grandes massas foram privadas da oportunidade de moldar as políticas da revolução e de tomar parte na administração dos seus próprios interesses. Os sindicatos foram estatizados[6] e transformados em meros transmissores das ordens do Estado. As cooperativas populares — nervo vital da solidariedade ativa e da ajuda mútua entre a cidade e o campo — foram liquidadas. Os sovietes dos camponeses e dos operários foram castrados e transformados em comitês de obediência. O governo monopolizou todos os aspectos da vida. Uma máquina burocrática foi criada — estarrecedora em sua ineficiência, corrupção e brutalidade. A revolução divorciou-se do povo e, assim, foi condenada à morte; e foi, em cima de tudo isso, que o terrorismo bolchevique fincou a sua temida espada.

6. No original: *governmentalized*, "governamentalizados".

Tal foi o *comunismo* dos bolcheviques nos primeiros estágios da Revolução. Todo mundo sabe que foi ele que provocou a completa paralisia da indústria, da agricultura e do transporte. Tratava-se do período do *comunismo militar*, do alistamento agrário e industrial obrigatórios, da destruição de aldeias camponesas pela artilharia bolchevique; de quando essas políticas sociais e econômicas *construtivas* do comunismo bolchevique resultaram na pavorosa fome de 1921.

IV

E hoje? Será que o *comunismo* mudou de natureza? É de fato diferente do *comunismo* de 1921? Para a minha imensa tristeza, sou obrigada a declarar que, apesar de todas as mudanças amplamente divulgadas e das novas políticas econômicas, o *comunismo* bolchevique é essencialmente o mesmo que o de 1921. Atualmente, o campesinato da Rússia Soviética encontra-se completamente destituído de terras. Os *sovkhozes* são as fazendas governamentais, onde o camponês trabalha na condição de empregado, assim como o operário nas fábricas. Isso é o que ficou conhecido como *industrialização* da agricultura, *transformação do camponês em proletário*. No *kolkhoz*, a terra só pertence às vilas nominalmente.[7] Factualmente, é propriedade do governo — que a qualquer momento, como frequentemente faz, pode man-

---

7. A coletivização forçada da terra na União Soviética resultou em duas formas distintas de propriedade: a fazenda estatal, *sovkhoz*, e a fazenda cooperativa, *kolkhoz*. Enquanto toda a gestão dos *sovkhozes* era de responsabilidade do governo, que também detinha a propriedade exclusiva de sua produção — conforme colocado por Goldman, os trabalhadores dessas fazendas recebiam um salário da parte do governo, no mesmo molde das fábricas estatais —, a gestão dos *kolkhozes* era *teoricamente* responsabilidade de camponeses livremente associados, que, além da socialização dos meios de produção, teriam direito à produção de acordo com a quantidade de dias e horas de trabalho — embora fosse prevista uma cota destinada ao governo, que era, antes de tudo, o proprietário da terra. De todo modo, conforme aqui aludido por Goldman, na prática a coisa se dava de modo bem diferente.

dar membros de um determinado *kolkhoz* para trabalhar em outras partes do país ou exilar aldeias inteiras por desobediência. Os *kolkhozes* são operados coletivamente, mas o controle governamental sobre eles equivale à expropriação. O governo impõe tributos a seu bel-prazer; escolhe o preço que deseja pagar pelos grãos e outros produtos, e nem o camponês individual, nem o soviete da aldeia podem dizer qualquer coisa sobre o assunto. Sob a máscara de uma infinidade de impostos e empréstimos governamentais compulsórios, o Estado se apropria dos produtos dos *kolkhozes*, e para ofensas reais ou inventadas, pune-os com o confisco de todos os seus grãos.

A principal causa da fome de 1921 foi reconhecidamente a *razverstka*, a política brutal de expropriação adotada na época.[8] Por causa dela, e da rebelião na qual resultou, foi que Lênin decidiu introduzir a NEP — a Nova Política Econômica, que limitava a expropriação estatal e permitia ao camponês dispor de uma parte do seu excedente para benefício próprio. A NEP melhorou de imediato as condições econômicas em todo o país. A fome

---

8. Sobre a *razverstka*, ver n. 101. Também vale ler uma passagem do panfleto "A destruição da Revolução Russa", escrito e publicado por Goldman logo após a sua deserção da União Soviética e, portanto, no período conhecido por uma das piores fomes dos tempos modernos, responsável por matar aproximadamente 5 milhões de pessoas: "Por incrível que pareça, é um fato bem conhecido na Rússia que o sistema da *razverstka* é parcialmente responsável pela fome atual. Pois os camponeses não só foram destituídos do seu último grama de farinha, como, com frequência, lhes roubavam até as sementes destinadas ao plantio seguinte. A seca é, obviamente, uma das principais causas para as condições devastadoras nos distritos do Volga. Seja como for é um fato que os camponeses estariam dispostos a plantar no tempo correto, e que fariam isso livremente (ao menos em certas áreas), se estivessem em posição de ajudar a atenuar a fome na região do Volga. Mas as expedições em retaliação à resistência das aldeias contra os confiscadores de comida do governo, sempre a mando dos comunistas, literalmente destruíram essa possibilidade". A situação chegou a tal ponto (foram, por exemplo, relatados casos de canibalismo) que o então recente governo comunista se viu obrigado a recorrer à ajuda de países capitalistas, como os Estados Unidos.

de 1932-1933 se deu em decorrência de métodos *comunistas* semelhantes aos dos bolcheviques: a coletivização forçada.[9]

O mesmo resultado de 1921 se repetiu.[10] E obrigou Stálin a, em alguma medida, revisar a sua política. Ele se deu conta de que o bem-estar de um país — em especial, de um país predominantemente agrário como a Rússia — depende principalmente do campesinato. O mote estava lançado: ao camponês deve ser dada a oportunidade de um *bem-estar* maior. É óbvio que essa *nova* política é apenas um alívio momentâneo para o camponês. Ela é tão *comunista* quanto as políticas agrárias que a precederam.[11] Do princípio do governo bolchevique até os dias de hoje, essas políticas agrárias não são outra coisa senão expropriação; sob essa ou aquela forma, aqui e ali diferindo em grau, mas sempre a mesma coisa: um processo contínuo de assalto praticado pelo Estado contra o campesinato, de proibições, violência, trapaças e represálias, exatamente como nos piores dias do czarismo e da guerra mundial. A política atual é apenas uma variação do *comunismo militar* de 1920-1921, e inclusive com muito mais elementos militares do que comunistas. A sua *igualdade* é uma

9. Ver n. 129.

10. Vale frisar que Goldman está tecendo um paralelo entre a *razverstka* do comunismo de guerra de Lênin e o Primeiro Plano Quinquenal de Stálin, pois, enquanto a política de confisco teria resultado na fome de 1921, a coletivização forçada de terras teria resultado na fome de 1932-1933. Um paralelo que, diga-se de passagem, está longe de ser exclusivo ao seu pensamento.

11. Aqui, Goldman provavelmente está se referindo ao Segundo Plano Quinquenal (1932-1937), que afrouxou um pouco a política agrária em relação à iniciativa individual dos camponeses. Aos membros dos *kolkhozes* foi permitido cultivar pequenos pedaços de terra e alguns pouquíssimos animais (como aves, cabras e vacas), além de também ser mais uma vez autorizado o comércio dos excedentes dessa pequena produção individual. Quanto aos *sovkhozes*, embora antes tomados por Stálin como o modelo para o desenvolvimento da agricultura socialista, a maioria foi dissolvida em *kolkhozes*. No início de 1933, medidas foram finalmente tomadas para combater a fome: comida foi distribuída e maquinário e ferramentas para o plantio foram disponibilizados pelo governo; e, conforme aqui aludido por Goldman, uma propaganda bastante incisiva, em grande parte bem-sucedida, foi direcionada aos camponeses de modo a estimulá-los ao trabalho.

igualdade de penitenciária; a sua *liberdade* é a de escravos, de condenados a trabalhos forçados. Não é de admirar que os bolcheviques compreendam a liberdade como um preconceito burguês.

Os apologistas do regime soviético insistem em justificar o antigo *comunismo militar* como inevitável ao período inicial da Revolução, nos dias de bloqueio e *fronts* militares. Entretanto, mais de dezesseis anos se passaram. Não há mais bloqueios, nem *fronts* de batalha, nem ameaça de contrarrevolução. A Rússia Soviética foi reconhecida por todos os grandes governos do mundo. E, inclusive, ela faz questão de enfatizar a sua boa vontade para com os Estados burgueses, solicita a sua cooperação e, mais do que isso, está fechando grandes negócios com eles. Na verdade, o governo soviético estabeleceu relações de amizade até mesmo com Mussolini e Hitler — esses dois famosos campeões da liberdade. E está ajudando o capitalismo a suportar as suas tempestades econômicas, comprando milhões de dólares em seus produtos e abrindo para ele novos mercados.

No geral, foi isso o que a Rússia Soviética realizou durante estes dezessete anos desde a Revolução. Quanto ao comunismo — aí já é outra questão. A esse respeito, o governo bolchevique segue no mesmo curso anteriormente estabelecido — e pior. Embora algumas mudanças políticas e econômicas tenham sido realizadas, foram todas superficiais. No fundamento, queda exatamente o mesmo Estado, baseado nos mesmos princípios de violência e coerção, adepto dos mesmos métodos de terror e compulsoriedade empregados no período de 1920–1921.

Existem mais classes na Rússia Soviética de hoje do que na de 1917, mais do que na maioria dos países do mundo. Os bolcheviques criaram a gigantesca burocracia soviética, que desfruta de privilégios especiais e autoridade praticamente ilimitada sobre as massas industriais e agrícolas. Acima dessa burocracia está a classe ainda mais privilegiada, a classe dos *camaradas responsáveis*, a nova aristocracia soviética. A classe industrial é dividida e subdividida em numerosas gradações. Há os *udarnikis* — os trabalhadores de choque que têm direito a vários privilégios;[12] há os *especializados*, os artesãos, os trabalhadores comuns e os trabalhadores braçais. Há as *células* de fábricas, os comitês de oficinas, os pioneiros,[13] os *komsomols*,[14] os membros do partido, todos desfrutando de autoridade e vantagens materiais. Há também a classe bastante numerosa dos *lishentsi*, que são as pessoas privadas de direitos civis, cuja maioria está também impedida de trabalhar e de morar em certos lugares — pessoas de quem foram retirados praticamente todos os meios de existência.[15] O famoso *Pale* da época czarista, que proibia os judeus de viver em certas

12. *Udarnik* ou trabalhador de choque era, então, o termo utilizado para designar os trabalhadores hiperprodutivos da União Soviética, que executavam as suas tarefas para além das cotas previamente estabelecidas. Embora já fosse utilizada durante a Guerra Civil para indicar os trabalhadores que realizavam as atividades mais árduas, a expressão ganhou esse significado com o Primeiro Plano Quinquenal, que justamente estimulou a hiperprodutividade dos trabalhadores com prêmios, competições e condecorações. Os mais destacados eram transformados em heróis nacionais, caso do mineiro Alexei Stakhanov que, em 31 de agosto de 1935, veio, num dos turnos, a exceder em 1300% a cota normal de extração de carvão, o que deu origem ao movimento com o seu nome, o *stakhanovismo*.

13. Referência aos membros da organização Jovens Pioneiros, como era popularmente conhecida a *Organização Pioneira de Toda a União em homenagem a V. I. Lênin*, destinada a crianças e adolescentes de 9 a 15 anos. O fundamento da organização era o movimento escoteiro russo.

14. O termo *komsomols* é aqui utilizado por Goldman para indicar os membros da Liga da Juventude Comunista Leninista de Toda a União, uma organização para jovens de 14 a 28 anos, fundada em 1918.

15. A classe dos *lishentsi* era composta por indivíduos classificados pelo regime soviético como inimigos dos trabalhadores, caso dos membros das antigas classes dominantes, de pequenos comerciantes e artesãos autônomos e, como mencionado por Goldman, caso também dos judeus, dada inclusive a sua origem pequeno-burguesa. Num momento inicial, os *lishentsi* estavam privados do direito de votar, ingressar no serviço militar, em cooperativas, sindicatos ou em qualquer outra forma de organização social. Entretanto, no final dos anos 1920, agravaram-se as suas privações, conforme a denúncia de Goldman: os *lishentsi* não podiam ser empregados, não contavam com o suporte do governo para a alimentação, foram expulsos dos alojamentos governamentais e, além disso, as suas crianças não podiam frequentar as escolas públicas soviéticas, entre outros absurdos.

partes do país,[16] foi ressuscitado para toda a população através da implementação do novo sistema de passaporte soviético.[17] Acima de todas essas classes está a temida GPU, secreta, poderosa e arbitrária, um governo dentro do governo.[18] A GPU, por sua vez, possui a sua própria divisão de classes. Tem forças armadas próprias, estabelecimentos comerciais e industriais próprios,

16. De acordo com os dados disponibilizados pelo historiador W. D. Rubinstein (*The right, the left and the jews*), a maior parte da população judaica europeia até a Primeira Guerra Mundial estava concentrada no Império Russo, da qual 95% vivia no *Pale* ou Zona Assentamento — uma região formada por 25 províncias na parte ocidental do Império. A residência dos judeus na zona de assentamento era compulsória, e poucos tinham autorização para viver e mesmo transitar em outras localidades do Império. A situação de pobreza e precariedade decorrente da segregação levou à imigração em massa de judeus russos no final do século XIX, especialmente para os EUA.

17. O sistema de passaportes internos da URSS, introduzido em 1932, possuía uma série de funções, de modo que a identificação do seu portador era apenas uma delas. Entre as principais, estava o controle de migrações internas (especialmente no que dizia respeito às áreas urbanas): tornou-se ilegal que um cidadão vivesse num endereço diferente do que constava no seu passaporte, e mesmo viagens e permanências temporárias em outras localidades que não o endereço próprio exigiam visto. Além disso, os passaportes não eram estendidos a residentes de localidades rurais distantes dos centros urbanos, com exceção dos trabalhadores das fazendas estatais (*sovkhozes*), o que incluía, portanto, a maior parte da população soviética — como os camponeses individuais e os das fazendas cooperativas (*kolkhozes*), além de nômades, grupos étnicos minoritários etc. Na prática, esse sistema servia, de modo especial, para a remoção de indivíduos e grupos indesejáveis dos centros urbanos.

18. Em fevereiro de 1922, a Tcheka foi restruturada, dando lugar à GPU (Administração Política do Estado), cujo nome menos de dois anos depois foi modificado para OGPU (Administração Política do Estado Unificado). A inicial da palavra "unificado", *obyedinyonnoye*, foi acrescentada para indicar a formação da União Soviética como um único país, em dezembro de 1922. Parece haver certo consenso de que, administrativamente, não houve grandes mudanças da Tcheka para a GPU/OGPU: o seu presidente, Dzerzhinsky, permaneceu o mesmo, e o pessoal e estrutura física quase não foram alterados. A reestruturação diria mais propriamente respeito ao *modus operandi* da polícia: caso do fim da prática de fuzilamento em massa comum à Tcheka sob a escusa da Guerra Civil e da imposição legal de que os crimes políticos deveriam ser julgados pelos tribunais soviéticos.

leis e regulamentos exclusivos, e um exército numeroso de escravos, formado por condenados a trabalhos forçados. Sim... até mesmo nas prisões e campos de concentração soviéticos existem várias classes e privilégios especiais.[19]

No ramo da indústria prevalece o mesmo tipo de *comunismo* que na agricultura. Um taylorismo sovietizado está em voga em toda a Rússia, uma combinação de padrão mínimo na produção e de pagamento por peça[20] — o grau mais alto de exploração e degradação humana, que envolve ainda intermináveis diferenças de vencimentos e salários. O pagamento é feito em dinheiro, em rações, ou por meio da redução nas taxas de aluguel ou luz, para não falar dos prêmios e recompensas especiais para os *udarniki*. Em suma, é um *sistema de pagamentos*[21] o que está em operação na Rússia.

Ainda é preciso enfatizar que um arranjo econômico baseado num sistema de pagamentos não pode de modo algum ser considerado comunismo? É a sua antítese.

19. Nos Gulags, por exemplo, como a coerção e violência nem sempre eram suficientes para garantir a produtividade do trabalho almejada pelas autoridades, todo um sistema de incentivos foi estabelecido para os prisioneiros — o que, de todo modo, não incluía a classe dos presos políticos, mas apenas a dos chamados criminosos (que, por sua vez, se dividia em pequenos criminosos e criminosos profissionais).

20. No original: *piece work*, método de pagamento por unidade fabricada (trabalho por peça). Por exemplo: se o trabalhador for contratado para fazer caixas, ele é pago pela quantidade de caixas produzidas e não pelo tempo que gastou na execução desse trabalho.

21. No original, Goldman utiliza a palavra *wage* e cunha a expressão *wage system*, que se optou por traduzir como "sistema de pagamentos". É interessante observar que, na língua inglesa, *wage* se refere, em geral, ao tipo de remuneração paga a trabalhadores não qualificados, geralmente por hora ou dia trabalhado; diferentemente de *salary*, palavra que tende a ser utilizada para indicar a forma de remuneração condizente a profissionais qualificados. De um modo geral, as duas formas de remuneração, *wage* e *salary*, remetem a uma diferença de classe: a classe trabalhadora *versus* a classe dos profissionais qualificados. Talvez, em português, a palavra mais próxima de *wage* fosse "diária", pagamento por diária.

V

Todas essas características são encontradas no atual sistema soviético. É uma ingenuidade imperdoável, ou pior, uma hipocrisia imperdoável, fingir — como fazem os apologistas dos bolcheviques — que o sistema de trabalho compulsório na Rússia é uma *auto-organização das massas para fins de produção*.[22]

Por estranho que pareça, conheci pessoas aparentemente bastante inteligentes que defendem que, por meio desses métodos, os bolcheviques *estão construindo o comunismo*. Ao que parece, elas acreditam que construir consiste em destruir implacavelmente, no sentido físico e moral, os valores mais elevados da humanidade. Há ainda aquelas que fingem acreditar que o caminho para a liberdade e cooperação se dá através da escravização pelo trabalho e repressão intelectual. De acordo com elas, instilar o veneno do ódio e da inveja, da espionagem e do terror universais, é a melhor forma de preparação da humanidade para o espírito fraternal do comunismo.

Eu não acredito nisso. A meu ver, não há nada mais pernicioso do que degradar um ser humano à condição de mera engrenagem de uma máquina sem alma, transformando-o num servo, num espião ou na vítima de um espião. Não há nada que possa corromper mais um ser humano do que a escravidão e o despotismo.

22. Aqui Goldman parece estar aludindo à militarização do trabalho, concernente à época do comunismo de guerra. A ideia, ao menos tal qual defendida por Trótski, era a de que o Estado socialista teria herdado a obrigação, antes exercida pelo *mercado* das sociedades capitalistas, de coagir ao trabalho árduo, já que, de outro modo, as pessoas se entregariam à preguiça, segundo sua natureza. Adotada a conscrição ao trabalho, a recusa da parte do trabalhador de dar conta do tempo estipulado ou a falta ao serviço sem permissão implicavam penalidades graves (como redução na quantidade da ração), e a insistência nesse tipo de atitude levava à prisão. Muito embora a conscrição ao trabalho tenha sido banida com a NEP em 1922, em 1929 ocorre a criação do sistema de trabalhos forçados soviéticos, os Gulags, e, além disso, com a implementação das fazendas coletivas, ao menos no que diz respeito aos camponeses, talvez não seja um erro afirmar que o trabalho compulsório foi reinaugurado, mesmo transvestido com a nomenclatura mais amena de *dever do trabalho*.

Há uma psicologia do absolutismo político e da ditadura, comum a todas as formas desse tipo de regime, de acordo com a qual os meios e os métodos utilizados para atingir um determinado fim tornam-se, com o tempo, o próprio fim. O ideal do comunismo, do socialismo, há muito já deixou de inspirar os líderes bolcheviques como classe. O poder e o fortalecimento do poder tornaram-se o seu único objetivo. De outro lado, a sujeição abjeta, a exploração e a degradação estão desenvolvendo uma nova psicologia na grande massa de pessoas.

A geração jovem da Rússia é produto dos princípios e métodos bolcheviques. É o resultado de dezesseis anos de opiniões oficiais, que são as únicas permitidas no país. Por ter crescido sob o monopólio extremo de ideias e valores, a juventude da URSS não sabe praticamente nada sobre a Rússia. E muito menos sobre o mundo exterior. É composta de fanáticos cegos, limitados e intolerantes, desprovidos de qualquer lampejo de sensibilidade ética, de qualquer senso de justiça e equidade. A esses elementos deve-se acrescentar a classe dos alpinistas sociais e carreiristas, dos oportunistas educados sob o dogma bolchevique *o fim justifica os meios*. Contudo, seria um erro negar as exceções existentes nas fileiras da juventude russa. Há um bom número de jovens profundamente sinceros, heroicos e idealistas. Eles veem e sentem a força dos ideais professados ruidosamente pelo Partido. Eles compreendem a traição às massas. E sofrem profundamente com o cinismo e a insensibilidade que são dirigidos contra todas as emoções humanas. A presença dos *komsomols* nas prisões políticas soviéticas, nos campos de concentração e no exílio, e as tentativas de fuga, sob as dificuldades mais pavorosas, provam que a juventude não é composta exclusivamente de seguidores e covardes. Não, nem todos os jovens da Rússia foram transformados em fantoches, em fanáticos obcecados ou em adoradores prostrados ante o altar de Stálin e a tumba de Lênin.

A ditadura se tornou absolutamente necessária para a continuidade do regime. Afinal, onde há classes e desigualdade social, o Estado precisa recorrer à força e à repressão. A crueldade da sua violência é sempre proporcional ao grau de amargura e ressentimento impregnado nas massas. É por isso que há um terrorismo de Estado [*governmental terrorism*] na Rússia Soviética, bem maior do que em qualquer outro lugar do mundo civilizado de hoje: porque Stálin tem de submeter e escravizar um campesinato resistente de cem milhões de pessoas. É o ódio popular contra o regime, o que explica a magnitude da sabotagem industrial na Rússia, a desorganização do transporte após dezesseis anos de gerenciamento militar, a fome atroz no sul e sudeste — apesar das condições naturais favoráveis e a despeito das medidas severas para obrigar os camponeses a semear e colher; e inclusive a despeito do extermínio em massa e da deportação de mais de um milhão de camponeses para os campos de trabalho forçado.

A ditadura bolchevique é um absolutismo que precisa se tornar cada vez mais implacável para sobreviver; exige a mais absoluta supressão da independência de opinião e de qualquer crítica para com o Partido, até mesmo no que diz respeito aos membros dos seus círculos mais elevados e exclusivos. Prova disso é que o bolchevismo oficial e os seus agentes pagos e não pagos estão o tempo todo reafirmando para o mundo que *tudo está bem na Rússia Soviética e inclusive cada vez melhor.* Um discurso da mesma qualidade da insistência de Hitler sobre o quão imensamente ele ama a paz, enquanto expande, em ritmo frenético, o seu poderio militar.

Longe de melhorar, a ditadura está se tornando a cada dia mais implacável. O último decreto contra os chamados contrarrevolucionários, ou traidores do Estado Soviético, deve ser capaz de convencer até mesmo alguns dos seus apologistas mais fervorosos sobre as maravilhas que estão sendo realizadas na Rússia.[23] Esse decreto reforça leis já existentes contra qualquer um que não possa ou não queira reverenciar a infalibilidade da Santíssima Trindade composta por Marx, Lênin e Stálin. E os seus efeitos

23. Referência ao decreto de julho de 1934, que complementava o então conhecido Artigo 58, responsável por estabelecer quais seriam as atividades contrarrevolucionárias e as suas penalidades. O Artigo 58, que entrou em vigor em 1927, passou por algumas edições, como a mencionada por Goldman.

são ainda mais drásticos e cruéis sobre os que são julgados culpados. Certamente, fazer das pessoas reféns não é uma novidade na URSS. Isso já era parte do terror quando cheguei na Rússia. Piotr Kropotkin e Vera Figner protestaram em vão contra essa terrível mancha no brasão da Revolução Russa. Agora, depois de dezessete anos de governo bolchevique, um novo decreto foi considerado necessário. Um decreto que não apenas renova a necessidade de novos reféns, como visa estender a punição cruel contra cada membro adulto da família do criminoso real ou imaginário. O novo decreto define traição de Estado como

qualquer ato cometido por cidadãos da URSS em detrimento das forças militares da URSS, da sua independência ou da inviolabilidade de seu território, tais como: espionagem, traição de segredos militares ou de Estado, passar para o lado do inimigo, fugir para um país estrangeiro ou partir de avião para um país estrangeiro.[24]

Os traidores, obviamente, serão executados como sempre foram. O que torna o novo decreto mais aterrorizante é a punição desumana que impõe contra todos os que apoiaram ou conviveram com a infeliz vítima, quer soubessem do seu crime ou não. Essas pessoas podem ser presas, exiladas ou até executadas. Podem perder os seus direitos civis, e ter confiscados todos os seus bens. Em outras palavras, o novo decreto garante um prê-

24. Citação da subdivisão 1a acrescentada ao artigo 58 pelo decreto de 1934, que definia o conceito de atividade contrarrevolucionária. A outra subdivisão acrescentada pelo decreto (a 1d) estabelecia justamente o que Goldman menciona no parágrafo seguinte: que qualquer civil que não denunciasse atividades contrarrevolucionárias planejadas ou realizadas por um outro, independentemente do grau de parentesco, deveria ser punido com no mínimo 6 meses de prisão. Na prática, isso implicou uma campanha de incentivo à denúncia promovida pelo Estado. Essas acusações poderiam trazer recompensas ao *dedo-duro*, como parte dos bens confiscados da pessoa denunciada. O caso mais famoso na época foi o do pré-adolescente Pavel Morozov, membro da organização *Jovens Pioneiros*, que denunciou e testemunhou contra o próprio pai (em 1932) e foi transformado pela propaganda stalinista no herói das crianças soviéticas. Pavel foi assassinado, supostamente pelos apoiadores de seu pai, pouco tempo depois.

mio a informantes que, para salvar a própria pele, façam agrados à GPU, colocando-se em prontidão para entregar aos capangas soviéticos os desafortunados parentes dos infratores.

Esse novo decreto deve ser suficiente para acabar, de uma vez por todas, com quaisquer dúvidas remanescentes acerca da existência ou não de um verdadeiro comunismo na Rússia. Ele, inclusive, afasta a pretensão de internacionalismo vinculado ao interesse de classe do proletariado. A melodia internacionalista de outrora foi transformada num hino de louvor à Pátria, com a sempre servil imprensa soviética a entoar mais alto no coro:

A defesa da Pátria é a lei suprema da vida, e aquele que levanta a mão contra a sua pátria, que a trai, deve ser destruído.[25]

Ante o exposto, é uma obviedade que, politicamente, a Rússia Soviética é um despotismo absoluto e, economicamente, a mais grosseira forma de capitalismo de Estado.

25. Trecho retirado de um texto publicado no então mais importante jornal da Rússia, o *Pravda*, em junho de 1934.

Trótski protesta demais[1]

Este panfleto teve origem num artigo para a *Vanguard*, revista anarquista publicada mensalmente na cidade de Nova York. Saiu no número de julho de 1938, mas, como o espaço da revista era limitado, apenas parte do manuscrito pôde ser publicada. Apresento agora uma versão revisada e ampliada.

É certo que Leon Trótski dirá que esta crítica à sua participação na tragédia de Kronstadt não passa de uma forma de apoio e encorajamento ao seu inimigo mortal, Stálin. É que simplesmente não lhe ocorre a possibilidade de que se possa detestar o selvagem alocado no Kremlin e o seu regime cruel e, ainda assim, não isentar Leon Trótski do crime que cometeu contra os marinheiros de Kronstadt.[2]

Para dizer a verdade, eu não vejo nenhuma diferença significativa entre esses dois protagonistas do benevolente sistema ditatorial soviético, exceto que Leon Trótski não está mais no poder para fazer cumprir as suas bênçãos, ao passo que Josef Stálin está. Não, eu não estou defendendo o atual governante da Rússia. Sinto-me, no entanto, na obrigação de destacar que Stálin não caiu do céu como um presente infeliz para o povo russo. Ele está simplesmente dando continuidade às tradições bolcheviques, ainda que de uma forma mais implacável.

1. Texto publicado como panfleto pela *Glasgow: Anarchist Communist Federation* em 1938, poucos meses após sua primeira versão reduzida, publicada na *Vanguard*.
2. Kronstadt é uma cidade fortificada, localizada na Ilha de Kotlin, no Golfo da Finlândia. Abriga a base principal da frota do Báltico. Sua posição é militarmente estratégica por se localizar na frente de São Petersburgo, ou seja, antes da sua entrada pelos mares, do lado ocidental.

O processo de alienação da revolução ao qual as massas russas foram submetidas teve início praticamente no mesmo instante em que Lênin e o seu Partido ascenderam ao poder. Discriminação aberta na distribuição de rações e habitações, supressão de todos os direitos políticos, perseguições e prisões contínuas logo passaram a fazer parte do cotidiano. Verdade que os expurgos realizados naquela época nunca incluíam membros do Partido,[3] muito embora as prisões e os campos de concentração estivessem cheios de comunistas. Um bom exemplo disso é a primeira Oposição Operária cujos militantes de base e seus líderes foram rapidamente eliminados; Shiliapnikov foi enviado ao Cáucaso para *descansar* e Alexandra Kollontai encarcerada em prisão domiciliar.[4] Mas a verdade é que todos os seus oponentes políticos — entre eles os mencheviques, os socialistas revolucionários, os anarquistas, diversos membros da *intelligentsia* liberal, trabalha-

3. Alusão ao Grande Expurgo que, diferentemente da rebelião de Kronstadt, como é aqui sugerido, já não poupava sequer os membros da mais alta hierarquia do Partido, caso de Kamenev e Zinoviev. Essa alusão não é gratuita. A retomada do debate sobre a rebelião de Kronstadt entre os anos de 1938 e 1939, do qual participa o presente texto, se deu por ocasião do Grande Expurgo de Stálin. A questão que se apresentava era avaliar até que ponto o stalinismo seria indicativo de uma ruptura para com o modelo de ditadura inaugurado por Lênin e Trótski, ou em que medida era a sua conclusão lógica e extrema.
4. A Oposição Operária foi uma tendência interna do Partido Comunista surgida no final de 1919. No contexto da polêmica sobre as funções dos sindicatos, posicionou-se contrariamente a Lênin e a Trótski ao defender a proposta, então radical para os padrões bolcheviques, de que os sindicatos detivessem o controle das indústrias. Os seus militantes de base eram majoritariamente sindicalistas. Na ocasião da discussão, no x Congresso do Partido Comunista da Rússia, Lênin apresentou uma resolução que preconizava a unidade do Partido, cujas tendências internas — como a Oposição Operária — se tornaram ilegais depois da aprovação dessa medida. Apesar das punições aqui mencionadas por Goldman a duas de suas principais lideranças, Alexandra Kollontai e Alexander Shliapnikov, nenhum deles foi expulso do Partido à época. Ao contrário, pouco depois da dissolução da Oposição Operária, Kollontai foi nomeada diplomata da URSS e, perto do fim da vida, foi a primeira mulher a ocupar o cargo de embaixadora. Alexander Shliapnikov não teve a mesma sorte: foi expulso do partido em 1932 e executado no Grande Expurgo, em 1937.

dores, assim como camponeses — ou receberam um tratamento rápido nos porões da Tcheka, ou foram mandados para o exílio, para a morte lenta, em partes distantes da Rússia e Sibéria. Em outras palavras: não foi Stálin quem inventou a teoria e os métodos que esmagaram a Revolução Russa e forjaram novas correntes para o povo russo.

Eu admito que, sob o governo de Stálin, a ditadura se tornou monstruosa. Mas isso não diminui a culpa de Leon Trótski como um dos principais atores no drama revolucionário do qual Kronstadt constituiu uma das cenas mais sangrentas.

Tenho diante de mim dois números, de fevereiro e abril de 1938, da *New International*, a revista oficial de Trótski.[5] Nesses números, há artigos de John G. Wright, cem por cento trotskista,[6] e do próprio Grande Soberano;[7] artigos cuja pretensão é refutar as acusações contra Trótski no episódio de Kronstadt.[8] O sr. Wright apenas faz eco às palavras do mestre, as suas fontes

5. Dito mais precisamente, a revista *New International* foi fundada em 1934 por trotskistas estadunidenses, muito embora o seu principal editor tenha rompido com Trótski em 1940, no contexto da discussão sobre o papel da URSS na Segunda Guerra Mundial.

6. Nascido no Império Russo, atual Uzbequistão, John G. Wright, pseudônimo de Joseph Vanzler (1901–1956), imigrou para os Estados Unidos, ainda criança, com sua família, durante a Primeira Guerra Mundial, e se destacou, para além da militância trotskista aqui mencionada por Goldman, como tradutor das obras de Trótski para o inglês.

7. No original *Great Mogul*, literalmente "Grande Mongol". É uma expressão em inglês utilizada para indicar uma pessoa de destaque ou, num sentido mais técnico, o soberano mongol durante o domínio dos mongóis na Índia do século XVI. Talvez se trate de alguma alusão irônica à nacionalidade de Wright.

8. Nomeadamente, Goldman debate com o artigo de Wright, intitulado "A verdade sobre Kronstadt" (da edição de fevereiro da *New International*), e com o artigo de Trótski "Protesto e clamor público por Kronstadt" (da edição de abril). Wright, por sua vez, debate no seu artigo diretamente com o panfleto de Berkman *A revolta de Kronstadt*, publicado logo após o acontecimento, em 1922. Goldman, ao longo do presente ensaio, faz inúmeras alusões ao texto do amigo e companheiro político de toda vida, além de defendê-lo das acusações e refutações de Wright. Berkman já não estava mais vivo para fazê-lo, pois cometeu suicídio dois anos antes, em 1936.

não são primárias, como tampouco vivenciou os acontecimentos de 1921. Daí que eu prefira prestar tributos a Leon Trótski. Pelo menos, ele tem o mérito duvidoso de ter participado da *liquidação* de Kronstadt.

O problema é que o artigo de Wright contém uma série de declarações imprudentes e equivocadas, que precisam ser refutadas antes que se proliferem. Meus argumentos irão, portanto, inicialmente, na sua direção e, depois, tratarei do seu mestre.

John G. Wright afirma que *A revolta de Kronstadt*, de Alexander Berkman, "não passa de uma repetição dos fatos relatados pelos socialistas-revolucionários de direita e das suas interpretações com algumas alterações insignificantes".[9][10]

O escritor vai além e acusa Alexander Berkman de "falta de caráter, plágio" e de "alterar, como era seu costume, alguns dados insignificantes para esconder a verdadeira fonte do que parece ser um juízo seu". A vida e a obra de Alexander Berkman o elevam ao mesmo panteão dos maiores pensadores revolucionários e dos lutadores mais completamente dedicados ao seu ideal. Aqueles que o conheceram podem testemunhar sobre a excelência que distinguia cada uma das suas ações, assim como sobre a sua integridade e seriedade como escritor. No mínimo, acharão graça em saber, através do sr. Wright, que Alexander Berkman era um "plagiador" e "mau-caráter" e que "um costume seu era inventar dados insignificantes"...[11]

O comunista médio, seja da vertente de Trótski ou de Stálin, sabe tanto de literatura anarquista e de seus autores quanto, di-

9. Selecionados de *A verdade sobre a Rússia*, publicado na *Volya Rossi*, Praga, em 1921. [N. A.]

10. Referência à nota 7 do artigo de Wright. Nela, Wright afirma que o livro *A verdade sobre Rússia*, publicado na revista dos socialistas revolucionários russos residentes em Praga, a *Voyla Rossii* (Vontade russa), serviu como fonte principal, se não a única, para "todos os críticos passados e presentes do bolchevismo", o que incluiria o panfleto de Berkman sobre a revolta de Kronstadt, conforme a passagem aqui citada por Goldman.

11. Apesar de a citação estar entre aspas, Goldman está citando *de cabeça*, como era seu costume. No original, as acusações feitas por Wright a Berkman estão exatas.

gamos assim, o católico médio sabe sobre Voltaire ou Thomas Paine. A simples sugestão de que se deve tentar entender o que os seus oponentes defendem antes de insultá-los é considerada uma heresia pela hierarquia comunista. Por isso é que não acho que John G. Wright esteja mentindo deliberadamente sobre Alexander Berkman. Em vez disso, para mim, ele só é profundamente ignorante quanto à sua vida e obra.

Foi um hábito de toda a vida de Alexander Berkman escrever em diários. Mesmo durante os quatorze anos de provação na *Western Penitentiary*, nos Estados Unidos, Alexander Berkman deu um jeito de continuar a escrever os seus diários — que ele conseguia enviar clandestinamente para mim. A bordo do s. s. Buford, que nos levou no demorado e perigoso cruzeiro de 28 dias, meu camarada continuou a escrever seus diários e manteve esse seu velho hábito nos 23 meses da nossa estadia na Rússia.[12]

Memórias de um anarquista na prisão, reconhecida pelos críticos conservadores como uma obra comparável a *Recordações da casa dos mortos*, de Fiódor Dostoiévski, foi escrita a partir dos seus diários. *A rebelião de Kronstadt* e o *O mito bolchevique* também são frutos dos seus registros diários na Rússia.[13] É uma

12. Conhecido na imprensa da época como a "Arca Vermelha", o s. s. Buford, um navio militar da época da Guerra Hispano-Americana, transportou, no dia 21 de dezembro de 1919, os então mais de 200 imigrantes deportados até a Rússia, sua terra natal. Goldman e Berkman foram condenados à deportação pelo crime de conspiração, precisamente por terem interferido, com suas atividades antimilitares, no recrutamento militar então tornado obrigatório na ocasião da entrada dos EUA na Primeira Guerra Mundial. Note-se que, com isso, Berkman e Goldman estavam em Petrogrado durante a revolta em Kronstadt, de onde, segundo ele relatou em *O mito bolchevique*, dava para ouvir o som dos tiros de canhão e das metralhadoras durante o combate.

13. Berkman foi libertado do cárcere de 14 anos em maio de 1906, e em 1912, publicou as suas *Memórias* sobre o período. Essa obra, conforme aqui sugerido por Goldman, causou grande sensação na época e, vale acrescentar, não só pelas suas qualidades literárias, mas também por consistir numa denúncia da corrupção do sistema penitenciário estadunidense, além de abordar diretamente o tabu da homoafetividade nos presídios (ele inclusive relatou os relacionamentos homossexuais que teve na cadeia). A primeira cópia foi

grande estupidez, portanto, acusar a brochura de Berkman sobre Kronstadt de simples "repetição dos fatos relatados [...]" no trabalho dos socialistas revolucionários que apareceu em Praga.

O mesmo grau de acurácia pode ser visto em outra acusação que Wright faz contra Berkman: a de que o meu velho amigo teria negado que o general Kozlovski estava presente em Kronstadt.[14]

Em *A rebelião de Kronstadt*, na página 15, encontramos a seguinte afirmação: "Houve de fato um ex-general Kozlovski em Kronstadt. Foi Trótski quem o colocou lá como especialista em artilharia. Ele não desempenhou absolutamente nenhum papel nos eventos de Kronstadt".[15] Informação que foi confirmada por

dada a Goldman como forma de agradecimento pelo seu apoio incondicional e incansável. Eis a dedicatória: *Primeira cópia impressa. 14 de outubro de 1912, às 16 horas. Para você, querida Emma, que me ajudou a viver este livro e a escrevê-lo, Sasha. O mito bolchevique*, publicado em 1925, traz no subtítulo a indicação precisa da sua origem nos diários: *Diários 1920–1922*. Uma anedota é que os diários originais desse livro foram salvos por Goldman das garras da Tcheka, ao escondê-lo no seu quarto pouco antes de o de Berkman ser revistado. Quanto ao objeto da presente contenda, o panfleto *A revolta de Kronstadt*; há provas documentais dos metódicos diários escritos por Berkman no período da revolta e tomados como base do seu panfleto. Os diários originais estão preservados e fazem parte do acervo *Alexander Berkman Papers*.

14. A bem da verdade, Wright não afirma no seu artigo que Berkman "teria negado que o general Kozlovski estava presente em Kronstadt", conforme colocado por Goldman. Ele declara, ao citar o texto de Berkman, justamente o que Goldman confirma no parágrafo a seguir: que, segundo o relato de Berkman, Kozlovski estava presente em Kronstadt, mas não desempenhou absolutamente nenhum papel de liderança. Veja a passagem do artigo de Wright: "Ninguém é mais descarado do que Berkman em negar a conexão entre a contrarrevolução e o motim. Ele chega a declarar categoricamente que o general czarista Kozlovski *não desempenhou nenhum papel nos eventos de Kronstadt*".

15. Segundo o historiador Paul Avrich no seu estudo sobre a revolta de Kronstadt: "O principal objetivo da propaganda bolchevique foi mostrar que a revolta não era um surto espontâneo de protesto em massa, mas uma nova conspiração contrarrevolucionária [...]. De acordo com imprensa soviética, os marinheiros, influenciados pelos mencheviques e SRS [...] descaradamente se lançavam à sorte com a 'guarda branca', liderados por um ex-general czarista chamado Kozlovski". De outro lado, o fato de Kozlovski — conforme mencionado no excerto de Berkman aqui citado por Goldman — ter sido colocado por Trótski,

ninguém menos do que Zinoviev, que na época ainda se encontrava no ápice de sua glória. Na Sessão Extraordinária do Soviete de Petrogrado, em 4 de março de 1921, cujo objetivo era decidir o destino de Kronstadt, Zinoviev declarou: "É óbvio que Kozlovski está velho e não pode fazer nada, mas os oficiais brancos estão por detrás dele, enganando os marinheiros". Alexandre Berkman, por sua vez, fez questão de enfatizar que os marinheiros não tinham nada a ver com os generais de Trótski,[16] como tampouco aceitaram as ofertas de provisões ou qualquer ajuda da parte de Victor Tchernov, o líder dos socialistas revolucionários de direita em Paris.[17]

antes da rebelião, como chefe de artilharia na Fortaleza de Kronstadt não deve ser entendido como algo incomum ou suspeito, uma vez que muitos ex-oficiais brancos foram intimados a servir como *especialistas militares* ao governo bolchevique. Quanto ao papel desempenhado por Kozlovski, segundo o veredito de Avrich, muito embora não fosse exatamente insignificante, já que o ex-general cooperou com os insurgentes durante a rebelião, ele concorda com o posicionamento de Berkman ao ponderar que o espírito independente dos marinheiros e o ódio, entre eles tradicional, aos ex-oficiais brancos tornava completamente improvável que Kozlovski e os seus colegas tivessem exercido qualquer influência real sobre eles: "O Comitê Revolucionário Provisório [...] demonstrou grande desconfiança para com os especialistas, rejeitando repetidamente seus conselhos, por mais apropriados que pudessem ser". Veja Avrich, Paul. *Kronstadt, 1921*. Princeton: Princeton University Press, 1974, pp. 95, 101.
16. Goldman está aludindo à passagem em que Berkman destaca que os líderes da rebelião de Kronstadt — os marinheiros que compunham o Comitê Revolucionário — eram de origem exclusivamente proletária, no geral trabalhadores de reconhecido histórico revolucionário, e nenhum era oficial de alta patente ou ex-oficial branco. Berkman inclusive cita uma passagem da publicação do jornal oficial do Comitê Revolucionário Provisório, em que são listados os nomes desses líderes, ao que se segue uma defesa, algo irônica, da acusação de que Kozlovski seria o seu líder: "Esses são os *nossos* generais, prezados Trótski e Zinoviev. Ao passo que os Brussilovs, os Kamenevs, os Tukhachevckis e demais celebridades do regime czarista estão do *vosso* lado".
17. Dito mais precisamente, foi veiculado pela imprensa bolchevique que os ex-oficiais brancos que estariam incitando a revolta *in loco*, liderados por Kozlovski, eram, na verdade, agentes de um plano arquitetado em Paris por emigrados russos em aliança com a contrainteligência francesa. Veja, nesse sentido, o seguinte trecho da mensagem de rádio enviada da sede do governo em Moscou ao mundo,

Não há dúvidas de que, para os trotskistas, permitir aos marinheiros difamados o direito de falarem por si mesmos não passa de mero sentimentalismo burguês. Eu, do meu lado, insisto que essa forma de lidar com o adversário é de um jesuitismo execrável, que fez muito mais para destruir o movimento operário do que qualquer outra das *sagradas* táticas do bolchevismo.

Que o leitor decida entre a acusação criminosa contra os marinheiros de Kronstadt e o que eles mesmos disseram. Para isso, reproduzo aqui a mensagem de rádio enviada por eles aos trabalhadores do mundo, em 6 de março de 1921:

Nossa causa é justa: defendemos o poder dos sovietes, não os partidos. Defendemos a livre eleição dos representantes das massas trabalhadoras. Os represetes dos sovietes, manipulados pelo Partido Comunista, sempre foram surdos às nossas demandas e necessidades; a única resposta que recebemos foi o fuzilamento [...]. Camaradas! Não são apenas vocês que eles enganam; eles pervertem deliberadamente a verdade e recorrem às formas mais desprezíveis de difamação [...] Em Kronstadt, todo o poder está exclusivamente nas mãos dos marinheiros, soldados e trabalhadores revolucionários — e não nas mãos de contrarrevolucionários liderados por algum Kozlovski, como a rádio de Moscou, por meio de mentiras, tenta fazer vocês acreditarem... Não tardem, camaradas! Juntem-se a nós, entrem em contato conosco; solicitem-nos a admissão dos seus delegados em Kronstadt. Apenas eles poderão contar toda a verdade e expor a calúnia diabólica sobre o pão da Finlândia e as ofertas feitas pela Entente.

Viva o proletariado e o campesinato revolucionários!
Viva o poder dos sovietes eleitos livremente!

em 3 de março de 1921, citada no texto de Berkman: "É claro que o levante de Kronstadt foi elaborado em Paris e organizado pelo serviço secreto francês. [...] Os socialistas-revolucionários, também controlados e dirigidos de Paris, prepararam rebeliões contra o governo soviético e, mal os preparativos foram feitos, apareceu o verdadeiro mestre, o general czarista [Kozlovski]". Daí que tanto Goldman aqui, como Berkman no seu texto, façam questão de destacar que os marinheiros não aceitaram a ajuda, de homens e provisões, oferecida pelo líder dos socialistas-revolucionários, Victor Tchernov, então exilado em Paris. Berkman, inclusive, comprova isso documentalmente ao reproduzir os telegramas de Tchernov e da delegação socialista-revolucionária no exterior com a oferta e a resposta do Comitê Revolucionário de Kronstadt negando e agradecendo a ajuda.

E eis que os marinheiros *liderados* por Kozlovski estavam suplicando aos trabalhadores do mundo para enviar os seus delegados para testemunharem com os próprios olhos se havia alguma verdade na terrível calúnia espalhada contra eles pela imprensa soviética!

Leon Trótski está surpreso e indignado que alguém ouse levantar tais protestos e clamores por Kronstadt. Afinal de contas, é algo que aconteceu faz muito tempo; de fato, dezessete anos já se passaram desde o que, segundo ele, foi um mero "episódio na história da relação entre a cidade proletária e o campo pequeno-burguês". Por que alguém faria tanto barulho a essa altura do campeonato, se não fosse para "comprometer a única corrente revolucionária genuína que nunca renegou sua bandeira, nunca fez acordos com inimigos e, sozinha, representa o futuro"? O egotismo de Leon Trótski, bastante conhecido dos seus amigos e inimigos, nunca foi o seu ponto fraco. Desde que o seu inimigo mortal o equipou com nada menos do que uma varinha de condão, a sua presunção atingiu dimensões alarmantes.

Leon Trótski está indignado com a retomada do *episódio* de Kronstadt e as perguntas sobre o seu papel nisso tudo. Ele simplesmente não entende como as mesmas pessoas que o defenderam contra o seu detrator tenham também o direito de perguntar sobre os métodos que ele utilizou quando estava no poder, sobre como ele lidava com os que não subscreviam as suas máximas como se fossem a verdade revelada. Claro que seria ridículo esperar que Trótski batesse no peito e dissesse: "Eu também fui demasiado humano e cometi erros. Eu também pequei e matei os meus irmãos ou ordenei que fossem mortos". Apenas os profetas e os videntes mais sublimes se alçam a tamanha altura da coragem. E Leon Trótski certamente não é um deles. Ao contrário, ele continua a reivindicar para todos os seus atos e julgamentos a onipotência divina e lança maldições sobre qualquer um que avente a possibilidade de que o grande deus Leon Trótski também tem pés de barro.[18]

Ele zomba das evidências documentais deixadas pelos marinheiros de Kronstadt e dos testemunhos daqueles que viram e ouviram o *episódio* do seu terrível cerco. Ele chama essas evidências de "rótulos falsos".[19] Isso não o impede, no entanto, de assegurar aos seus leitores que a sua própria explicação sobre a rebelião de Kronstadt pode ser "atestada e ilustrada por inúmeros fatos e documentos". Pessoas inteligentes podem se perguntar por que Leon Trótski não teve a decência de apresentar os seus "rótulos falsos" para que, assim, as pessoas pudessem ter uma opinião correta sobre eles.[20]

É um fato que até mesmo os tribunais dos países capitalistas concedem ao réu o direito de apresentar provas para a sua defesa. Não é assim, porém, que a coisa funciona para Leon Trótski, o único porta-voz da verdade, aquele que "nunca renegou sua bandeira e nunca fez acordos com seus inimigos". Pode-se perceber essa falta de decência em John G. Wright. Como já mencionei, ele está sempre citando a sagrada escritura bolchevique. Mas, que uma figura de projeção mundial como Leon Trótski tente si-

18. Referência a Nietzsche e a sua filosofia do martelo que, em vez de construir novos ídolos, visa ensinar o que significa ter pés de barro, ou ainda a Daniel 2:31–35.

19. Para uma melhor compreensão do que significariam esses tais "rótulos falsos", vale ter em mente essa passagem do texto de Trótski: "Kronstadt diferiu da longa série dos outros movimentos e levantes pequeno-burgueses unicamente pelo grande efeito externo que foi capaz de causar. [...] Durante a revolta, proclamações foram emitidas e transmissões de rádio foram feitas. Os socialistas-revolucionários e os anarquistas [...] adornaram o levante com frases e gestos 'nobres'. Tudo isso deixou muitos vestígios na imprensa. Com a ajuda desses materiais 'documentais' (ou seja, desses falsos rótulos), não é difícil construir uma lenda sobre Kronstadt, tanto mais exaltada, porque em 1917 o nome Kronstadt estava cercado por uma auréola revolucionária".

20. Após oferecer a sua "caracterização social e política" dos marinheiros, que justamente rotulava de pequeno-burgueses e contrarrevolucionários, Trótski diz que "poderia, se desejado", oferecer os "muitos fatos e documentos", o que ele não faz, já que, segundo ele, não era necessário.

lenciar as evidências apresentadas pelos marinheiros me parece indicativo de um caráter irrecuperavelmente medíocre. O velho ditado do leopardo que muda as suas manchas, mas não a sua natureza, se aplica perfeitamente a Leon Trótski.[21] O martírio que ele suportou durante os anos de exílio, a perda trágica de pessoas próximas e queridas a ele, e, o que é ainda mais perturbador, a traição dos seus ex-companheiros de armas — não lhe ensinaram absolutamente nada. Nenhum lampejo de benevolência ou ternura foi capaz de afetar o espírito rancoroso de Trótski.

É uma pena que o silêncio dos mortos às vezes fale mais alto do que as vozes dos vivos. E a verdade é que as vozes estranguladas em Kronstadt aumentaram de volume nestes dezessete anos. É por essa razão, pergunto-me, que Leon Trótski se ressente tanto do seu som?

Leon Trótski cita Marx quando afirma "que é impossível julgar os partidos e as pessoas pelo que dizem de si".[22] É realmente patético que ele não perceba o quanto isso se aplica a ele! Nenhum outro homem entre os escritores bolcheviques foi tão bem-sucedido em se manter em primeiro plano quanto ele ou se vangloriou mais do que pela sua participação na Revolução Russa e no período posterior. A tirar por esse critério do seu grande mestre, seria preciso avaliar todos os escritos de Leon Trótski como desprovidos de qualquer valor — o que é, obviamente, um absurdo.

Para desacreditar os motivos que levaram à rebelião de Kronstadt, Leon Trótski escreveu o seguinte:

21. Em realidade, o ditado decorrente de um versículo afirma o contrário, que "um leopardo *não* pode mudar suas manchas": "Porventura pode o etíope mudar a sua pele, ou o leopardo as suas manchas? Nem vós podereis fazer o bem, sendo acostumados a fazer o mal" (Jeremias 13:23). Apesar dessa diferença, o sentido dado por Goldman permanece o mesmo.

22. À guisa de curiosidade, veja o excerto da *Contribuição à crítica da economia política* em que Marx afirma: "Assim como não se julga um indivíduo pelo o que ele pensa de si mesmo, não se pode julgar uma tal época de transformação pela sua consciência de si, mas, ao contrário, essa consciência deve ser explicada pelas contradições da vida material, pelo conflito que existe entre as forças produtivas sociais e as relações de produção".

Enviei, de diferentes *fronts*, dezenas de telegramas sobre a mobilização de novos destacamentos *confiáveis* entre os trabalhadores de Petersburgo e os marinheiros da frota do Báltico. Mas, por volta de 1918, com certeza, não depois de 1919, os *fronts* começaram a reclamar de que o novo contingente de *kronstadters* era disfuncional, extenuante, indisciplinado, não confiável no campo batalha e que estava fazendo mais mal do que bem.[23]

Adiante, ainda na mesma página, Trótski faz a seguinte acusação:

Quando a situação da fome em Petrogrado atingiu o seu ponto crítico, o Bureau Político discutiu, mais de uma vez, a possibilidade de tomar um *empréstimo interno* de Kronstadt, onde ainda havia uma boa quantidade de provisões antigas, mas foi aí que os delegados dos trabalhadores de Petrogrado rechaçaram: "Vocês nunca receberão nada deles por bondade; eles especulam em cima do tecido, carvão e pão. Atualmente, em Kronstadt, há todo tipo de canalha".

Quão bolchevique é esse tipo de atitude, que não apenas assassina os seus oponentes, como ainda mancha a sua reputação. De Marx e Engels, Lênin, Trótski até Stálin — os métodos foram sempre os mesmos.

23. Segundo Trótski, mesmo durante o período da Revolução, diferentemente do se costumava supor, havia apenas uma minoria de legítimos revolucionários entre os marinheiros de Kronstadt — até porque, segundo ele, "uma revolução é *feita* por uma *minoria*", ainda que dependa da adesão da maioria ou da sua "neutralidade amigável". Durante a Guerra Civil, essa minoria entre os kronstadters foi sendo paulatinamente remanejada para outros *fronts*: os tais "destacamentos *confiáveis*" solicitados por ele, conforme a passagem do texto citada por Goldman. O ponto do relato de Trótski é defender os marinheiros que *sobraram* em Kronstadt no momento da rebelião em vez dos verdadeiros revolucionários (que haviam sido remanejados), que eram na sua maioria pequeno-burgueses e, boa parte deles, conforme a passagem citada por Goldman, pessoas sem caráter. Veja outra passagem do texto de Trótski: "os marinheiros que permaneceram alocados na *pacífica* Kronstadt até o início de 1921, sem se enquadrar em nenhum dos *fronts* da Guerra Civil, eram, em geral, de um nível inferior ao nível médio dos soldados do Exército Vermelho [ao contrário, da situação de 1917–1918]; e, entre eles, havia inclusive, uma porcentagem significativa de indivíduos sem qualquer moral que vestiam calças boca de sino e ostentavam seus cortes de cabelo".

Não tenho a mínima intenção de discutir o que os marinheiros de Kronstadt eram ou deixaram de ser nos anos de 1918 e 1919. Eu só cheguei à Rússia em janeiro de 1920. E desse ano até a *liquidação* de Kronstadt, os marinheiros da frota do Báltico eram considerados o exemplo glorioso de bravura e coragem inabaláveis. O tempo todo me falavam — e não apenas os anarquistas, mencheviques e socialistas-revolucionários, mas também muitos comunistas —, que os marinheiros eram a espinha dorsal da Revolução. Durante a celebração do 1º de maio de 1920, e de outras festividades organizadas para a recepção da primeira missão dos trabalhadores britânicos, os marinheiros de Kronstadt se mostraram como um contingente grande e coeso, e foram anunciados como parte dos grandes heróis que salvaram a revolução de Kerensky e Petrogrado de Yudenich.[24] No aniversário da Revolução de Outubro, os marinheiros ocuparam novamente as primeiras fileiras, e sua reconstituição da tomada do Palácio de Inverno foi aclamada com fervor pela grande massa.

É possível que os dirigentes do partido, com exceção de Leon Trótski, desconhecessem a corrupção e a imoralidade que, então, segundo ele, reinava em Kronstadt? Eu não acredito nisso. E mais: duvido que o próprio Trótski tivesse essa visão dos marinheiros de Kronstadt antes de março de 1921. A história que ele contou deve ser, portanto, uma consideração feita posteriormente; ou uma racionalização sua para justificar a *liquidação* sem sentido de Kronstadt.

Mesmo que tenha ocorrido uma mudança de pessoal, ainda assim, é um fato que os kronstadters, em 1921, estavam longe de corresponder ao quadro que Trótski e o seu repetidor pintaram.

---

24. Membro do Partido Socialista-Revolucionário, Alexander Kerensky ocupou, após a revolução de fevereiro, dentre outros cargos importantes, o de segundo e último presidente do governo provisório russo, até ser destituído na revolução bolchevique de outubro. Quanto a Nikolai Yudenich, um destacado general da época do Império Russo, liderou, durante a guerra civil, o exército branco no noroeste da Rússia — derrotado na fracassada ofensiva a Petrogrado em outubro de 1919.

Como também é um fato que tamanha tragédia se abateu sobre os marinheiros unicamente por conta do seu profundo parentesco e solidariedade para com os trabalhadores de Petrogrado, cuja força para suportar o frio e a fome ultrapassou todos os limites até irromper numa série de greves em fevereiro de 1921. Por que Leon Trótski e os seus seguidores não mencionaram esse fato? Trótski sabe perfeitamente bem, caso Wright não saiba, que a primeira cena do drama de Kronstadt teve Petrogrado como palco no dia 24 de fevereiro e foi protagonizada não pelos marinheiros, mas pelos grevistas. Pois foi nessa data que os grevistas deram vazão à sua ira acumulada, provocada pela indiferença brutal dos homens que tagarelavam infinitamente sobre a ditadura do proletariado que há muito havia degenerado na ditadura impiedosa do Partido Comunista.

A anotação de Alexander Berkman, em seu diário, nesse dia histórico diz o seguinte:

Os trabalhadores da fábrica de Trubotchny entraram em greve. Eles se queixam de que, durante a distribuição de roupas de inverno, os comunistas receberam vantagem indevida em relação aos apartidários. O governo se recusa a considerar as queixas até que os homens voltem a trabalhar. Multidões de grevistas se reuniram na rua perto das fábricas, e soldados foram enviados para dispersá-los. Eram *kursanti*, jovens comunistas da academia militar. Não houve violência. Agora, juntaram-se aos grevistas os homens dos postos do Almirantado e do porto de Galernaya. Há muito ressentimento contra essa atitude autocrática do Governo. Uma manifestação nas ruas foi ensaiada, mas as tropas a cavalo a suprimiram.

Foi apenas depois de o seu Comitê apresentar um relatório sobre o real estado das coisas entre os trabalhadores de Petrogrado que os marinheiros de Kronstadt fizeram em 1921 o que haviam feito em 1917. Eles tomaram imediatamente a causa dos trabalhadores como sua.[25] O papel dos marinheiros em 1917

25. Por conta do incidente em 24 de fevereiro em Petrogrado, a frota do Báltico resolveu enviar uma Comissão de Marinheiros a Petrogrado. Com o retorno, a comissão apresentou o relatório e a resolução decorrente do encontro com os

foi aclamado como o orgulho vermelho, como a glória da Revolução. Em 1921, porém, a sua atuação foi denunciada para todo o mundo como traição contrarrevolucionária. Obviamente porque, em 1917, os homens de Kronstadt ajudaram os bolcheviques a ascender ao poder; em 1921, o que houve foi um acerto de contas com as falsas esperanças que haviam sido cultivadas nas massas, com as promessas quebradas tão logo os bolcheviques sentiram o seu poder suficientemente consolidado. Um crime, de fato, hediondo. E um aspecto importante desse crime é que os marinheiros de Kronstadt não se *amotinaram* do nada. A causa da sua revolta estava profundamente enraizada no sofrimento dos trabalhadores russos; tanto do proletariado citadino, quanto do campesinato.

O ex-comissário[26] nos garante que "os camponeses aceitaram as exigências como um mal temporário", e que eles "aprovavam os bolcheviques, muito embora se tornassem cada vez mais hostis aos *comunistas*". Declarações que não passam de ficção, como pode ser demonstrado por inúmeras provas — caso da liquidação do soviete camponês encabeçado por Maria Spiridonova,[27] e da grande violência empregada para obrigar os camponeses a

trabalhadores, sendo esse o primeiro dos eventos que vaio a desembocar na revolta de Kronstadt.

26. Trótski foi nomeado Comissário da Guerra em 1918, ano da fundação do Exército Vermelho, do qual, como é de conhecimento geral, foi o grande líder e idealizador até a sua destituição do cargo em 1925.

27. Conforme Goldman desenvolve no seu comovente texto "Mulheres heroicas da Revolução Russa", Maria Spiridonova foi a figura de maior destaque do Partido Socialista-Revolucionário de Esquerda, adorada como represente política por vários milhões de camponeses. Goldman, que conhecia pessoalmente Spiridonova, a respeitava, amava e admirava ao ponto da reverência. Ainda segundo o relato de Goldman, a influência de Spiridonova no soviete dos camponeses era imensurável. De todo modo, tão logo firmada a ditadura bolchevique, já em 1919, Spiridonova foi encarcerada, brutalmente negligenciada e torturada. A partir daí o seu destinou alternou entre prisão e soltura vigiada, até ser executada, junto a outros presos políticos, a mando direto de Stálin, em setembro de 1941, na ocasião da invasão do exército nazista na Rússia. Essa chacina ficou conhecida como Massacre na Floresta de Medvedev.

entregar todos os seus produtos, incluindo os grãos para a semeadura na primavera.

Sob a perspectiva da verdade histórica, fato é que os camponeses odiaram o regime praticamente desde o dia em que começou; ou mais precisamente: desde o momento em que o *slogan* de Lênin *roube os ladrões* foi transformado em *roube os camponeses para a glória da ditadura comunista*. Por isso, eles estavam em constante ebulição contra a ditadura bolchevique. Caso, por exemplo, da revolta dos camponeses da Carélia, os quais foram afogados no próprio sangue pelo general czarista Slastchev-Krimsky. Se os camponeses estavam mesmo tão apaixonados pelo regime soviético, como Leon Trótski nos quer fazer acreditar, por que foi necessário enviar com tanta pressa esse homem terrível para a Carélia?

Slastchev-Krimsky lutou contra a revolução desde o começo, e, inclusive, liderou algumas das tropas de Wrangel na Crimeia. Ficou conhecido pelas barbaridades diabólicas que infligiu aos prisioneiros de guerra e pela criação infame de *pogroms*. Mas agora que ele se retratou, voltou para a *sua pátria*. Este arquicontrarrevolucionário e perseguidor de judeus — juntamente a vários outros generais czaristas e oficiais do Exército Branco —, foi recebido pelos bolcheviques com todas as honrarias militares. Sem dúvida foi uma retaliação justa que o antissemita tenha tido de saudar o judeu Trótski como seu superior militar. Seja como for, para a Revolução e para o povo russo, o retorno triunfal do imperialista foi um desastre.

Como prêmio pelo seu amor recém-adquirido pela pátria socialista, Slastchev-Krimsky recebeu a incumbência de reprimir os camponeses da Carélia que exigiam o poder de autodeterminação e melhores condições.[28]

---

28. O motivo da revolta entre os camponeses da Carélia foi, por assim dizer, o mesmo de sempre: a resistência camponesa à política de expropriação de alimentos imposta pelos bolcheviques. É irônico que a severidade dessa política tenha sido justificada, durante a Guerra Civil, como necessária para alimentar os homens do Exército Vermelho na sua empreitada contra o Exército Branco.

Leon Trótski, por sua vez, nos conta que, já em 1919, era de seu conhecimento que os marinheiros de Kronstadt jamais abririam mão de parte das suas provisões por *bondade* — quando a solicitação dessa bondade não foi tentada em nenhum momento. Na verdade, essa palavra nem sequer existe no jargão bolchevique. Ainda assim, foram esses marinheiros difamados, esses canalhas especuladores etc., que se colocaram ao lado do proletariado citadino em 1921, sendo a primeira das suas demandas, a igualdade de rações. Que vilões verdadeiramente terríveis eram esses kronstadters!

Ambos os escritores, na sua difamação contra Kronstadt, tiraram muitas conclusões do fato de que os marinheiros, como nós insistimos, não premeditaram a rebelião; que, ao se reunirem no dia 1º de março para discutir formas de ajudar os camaradas de Petrogrado, terminaram por formar rapidamente um Comitê Revolucionário Provisório.[29] A explicação para esse evento específico é dada por John G. Wright, que escreve:

De forma alguma se está excluindo que as autoridades locais em Kronstadt foram ineptas ao lidar com a situação [...]. Não é segredo que Kalinin e o comissário Kuzmin não eram muito estimados por Lênin e seus colegas [...]. Na medida em que as autoridades locais não tinham noção da dimensão do perigo e falharam em adotar medidas

---

Depois da vitória, sob o rótulo mortal de*contrarrevolucionários*, os camponeses, ainda sob a severidade dessa política, foram brutalmente reprimidos por um ex-oficial branco agora a mando dos bolcheviques. Conforme Goldman relata na sua autobiografia *Living my life*, o retorno do filho pródigo Slaschov-Krimsky à pátria bolchevique, sob a glória das mais altas honrarias militares, se deu pouco após o trágico desfecho da revolta de Kronstadt.
29. Segundo Berkman, a reunião histórica ocorrida em 1º de março de 1921 foi oficialmente convocada pelas tripulações do primeiro e do segundo esquadrão da frota do Báltico, e realizada na Praça Yakorny em Kronstadt. Uma multidão de cerca de 16000 pessoas — formada principalmente por "marinheiros, homens do Exército Vermelho e trabalhadores" — participou do encontro. O motivo da reunião foi apresentar o relatório e a resolução elaborada pelo Comitê de Marinheiros após testemunharem a situação e as demandas dos grevistas de Petrogrado.

adequadas e eficazes para lidar com a crise, os seus próprios erros desempenharam um papel importante no desenrolar dos eventos.[30]

Infelizmente, essa declaração de que Lênin não estimava muito Kalinin e Kuzmin é apenas mais uma variação do velho truque bolchevique de colocar toda a culpa em algum trapalhão para que, assim, a sua reputação permaneça imaculada.

É indiscutível que as autoridades locais em Kronstadt foram *ineptas*. Kuzmin atacou os marinheiros violentamente e fez ameaças terríveis. Obviamente, os marinheiros sabiam o que esperar desse tipo de ameaça.[31] Eles não podiam deixar de adivinhar

30. Mikhail Kalinin era presidente do Comitê Executivo Central de Toda a Rússia, o mais alto órgão governamental soviético; Nikolai Kuzmin ocupava o cargo de comissário político da frota do Báltico. Quanto à crítica de Wright a Kalinin e Kuzmin, aqui citada por Goldman, ela antes parece ecoar a descrição que Trótski fará, no seu artigo, sobre o caráter *disfuncional*, *indisciplinado* e *não confiável* dos marinheiros de Kronstadt. Ou seja: se Wright critica a inépcia dessas duas autoridades bolcheviques, é sobretudo porque elas não agiram de modo a se prevenir ante um tal contingente, por não terem se dado conta de que "os melhores revolucionários e lutadores eram urgentemente necessários em centros vitais", como em Kronstadt.
31. Referência aos discursos de Kalinin e Kuzmin nessa reunião histórica do dia 1º de março. Kalinin, inclusive, estava em Kronstadt exclusivamente para a reunião e foi recebido com honrarias militares e música — recepção que, segundo o diagnóstico de Berkman, era um "indicativo da atitude amigável dos marinheiros para com o governo bolchevique". A tensão só veio à tona quando o Comitê de Marinheiros enviado a Petrogrado apresentou a resolução (decorrente do relatório da visita aos grevistas de Petrogrado) cujas demandas, listadas em 15 tópicos, abrangiam, além da igualdade de rações mencionada por Goldman, o direito à liberdade de expressão e de reunião, a libertação de presos políticos e a revisão dos processos judiciais referentes a *detenções injustificadas*. E o primeiro de todos os itens: novas eleições para sovietes que expressassem efetivamente a vontade dos operários e camponeses. A resolução foi recebida e apoiada com comoção pelos marinheiros e pela multidão e brutalmente atacada por Kalinin e Kuzmin. De todo modo, o ambiente se inflamou mesmo na reunião do dia seguinte, composta exclusivamente de delegados, com o fim de discutir as novas eleições do soviete de Kronstadt e as demais medidas concernentes à aprovação da resolução. Com Kalinin já de volta a Moscou, o comissário Kuzmin foi o primeiro a discursar nessa conferência e não só falou de modo abertamente agressivo e insolente para com os delegados, como

que se Kuzmin e Vassíliev obtivessem permissão para agir, o primeiro passo deles seria confiscar as armas e as provisões de Kronstadt.[32] Essa foi a razão pela qual os marinheiros formaram o Comitê Revolucionário Provisório. Um fator adicional foi a notícia de que a comissão de trinta marinheiros enviada a Petrogrado para se reunir com os trabalhadores teve negado o seu direito de retornar a Kronstadt, os seus membros haviam sido presos e colocados sob o domínio da Tcheka.[33]

Ambos os escritores dão uma importância exagerada ao rumor surgido na reunião de primeiro de março: o de que caminhões lotados de soldados fortemente armados estavam a caminho de Kronstadt.[34] É evidente que Wright nunca viveu sob uma

negou quaisquer distúrbios trabalhistas em Petrogrado, declarou que o Comitê de Marinheiros eram mal-informado e que os trabalhadores de Petrogrado estavam tranquilos e satisfeitos; e o que é pior: fez mais uma vez graves ameaças a qualquer tentativa de apoio *contrarrevolucionário* às demandas listadas na resolução. Kuzmin saiu da reunião preso.

32. Presidente do Comitê Executivo do Soviete de Kronstadt, o bolchevique Vassiliev não só esteve presente e discursou na reunião de 1º de março, como a presidiu. Como Kalinin e Kuzmin, votou contra a aprovação da resolução apresentada pelo Comitê dos Marinheiros. Na conferência do dia 2, Vassiliev também discursou e foi detido junto a Kuzmin. Embora tanto Goldman, na sua autobiografia, quanto Berkman, no referido artigo, defendam que àquela altura os marinheiros ainda julgavam possível o diálogo com os bolcheviques, com a detenção dessas duas autoridades, o slogan (mais antibolchevique impossível) "Todo poder aos sovietes e não aos partidos" se espalhou com grande furor por Kronstadt.

33. Na sua autobiografia *Living my life,* Goldman se referirá a essa comissão de trinta homens enviada para Petrogrado, após decisão na reunião de 1º de março (e cujo fito, segundo ela, era o de discutir e encontrar uma solução pacífica para os grevistas), como uma prova de que os kronstadters não haviam deixado de acreditar na "integridade revolucionária" dos bolcheviques.

34. Conforme relatado no texto de Berkman, esse rumor surgiu no meio da reunião do dia 2 de março, depois da detenção de Kuzmin e Vassiliev; foi essa reunião que culminou na formação do Comitê Revolucionário Provisório. A tirar também pela sequência dos fatos apresentada no texto de Wright e pelo estudo de Paul Avrich, Goldman, ao que parece, se equivocou na precisão da data, ao atribuí-la à reunião de 1º de março — em que Kalinin estava presente. Note-se que o que está em jogo aqui é a causa da formação do Comitê Revolu-

ditadura hermética. Eu já. Quando todos os canais de comunicação são fechados, quando cada pensamento conta unicamente com seus próprios recursos, porque a liberdade de expressão foi sufocada, rumores se proliferam como erva daninha e podem atingir dimensões assustadoras. Além disso, durante o tempo em que estive na Rússia, era muito comum, tanto em Petrogrado quanto em Moscou, ver caminhões de soldados e tchekistas armados até os dentes patrulhando as ruas durante o dia e lançando suas redes na calada da noite — para depois arrastar a pescaria humana até os porões da Tcheka. Na tensão da reunião após o discurso ameaçador de Kuzmin, era perfeitamente natural que esse tipo de rumor ganhasse crédito.

A notícia na imprensa de Paris sobre o levante de Kronstadt duas semanas antes de ele acontecer teve grande destaque na campanha de difamação contra os marinheiros; foi tomada como prova cabal de que eles eram meros instrumentos da gangue imperialista e de que a rebelião havia sido, na verdade, gestada em Paris. Era bastante óbvio que essa história estava sendo usada para desacreditar os kronstadters aos olhos dos trabalhadores.[35]

cionário Provisório — o símbolo de que o movimento dos marinheiros havia se transformado, em menos de 24 horas, de um simples protesto em apoio aos trabalhadores de Petrogrado numa rebelião (o que num passo além diz respeito à resposta sobre se a rebelião de Kronstadt foi um movimento revolucionário ou contrarrevolucionário). Berkman admite abertamente que o rumor de que caminhões abarrotados de bolcheviques armados estavam a caminho de Kronstadt influenciou na formação do Comitê, assim como ele admite que logo foi comprovado que se tratava de mero boato. De todo modo, a posição de Berkman (que é a mesma que a de Goldman) é a de que a gota d'água para o estouro da rebelião foram a empáfia e as ameaças violentas e bastante concretas de Kuzmin, além de sua absoluta falta de consideração às demandas dos marinheiros. Precisamente esse *diagnóstico* de Berkman é atacado por Wright, para quem as razões que levaram à rebelião, a despeito da inépcia das autoridades bolcheviques, teriam sido fomentadas clandestinamente pelos elementos contrarrevolucionários liderados de Paris. Daí a sua ênfase, aqui contestada por Goldman, acerca do papel que o rumor — segundo ele, inventado e espalhado por esses mesmos elementos contrarrevolucionários — veio a desempenhar. 35. As notícias que antecipavam, com surpreendente precisão, a rebelião de Kronstadt foram veiculadas em alguns jornais parisienses em fevereiro de 1921

Na realidade, essa notícia antecipada não era diferente de outras notícias publicadas em Paris, Riga ou Helsinque; notícias

— e replicadas em jornais de outros países (como, por exemplo, no *New York Times*). Com o estouro da rebelião de Kronstadt, em 2 de março, tais notícias antecipadas foram amplamente divulgadas na imprensa bolchevique e tanto Trótski quanto Lênin as mencionaram diretamente na acusação da rebelião como fruto de uma ação contrarrevolucionária internacionalmente organizada. Segundo as provas documentais apresentadas por Avrich, desconhecidas no tempo Goldman e Berkman, fato é que uma organização antibolchevique, alocada em Paris e com diversas ramificações em outros países europeus, formada em boa parte por exilados russos (alguns ex-comandantes do Exército Branco), e sob nome de Centro Nacional, já há muito observava de perto o descontentamento para com o regime bolchevique e a movimentação dos marinheiros em Kronstadt. Os documentos, inclusive, comprovam que o Centro Nacional efetivamente elaborou, em fevereiro de 1921, um plano para o caso de uma eventual (e esperada) rebelião entre os marinheiros de Kronstadt — sendo essa a mais provável fonte das notícias antecipadas veiculadas pela imprensa parisiense. De outro lado, deve-se considerar que os planos e as alianças do Centro Nacional visavam interesses radicalmente distintos dos marinheiros de Kronstadt, além de não haver nenhuma prova ou testemunho de vínculo ou contato entre as lideranças da rebelião e os membros do Centro Nacional (somente após a derrota, para a articulação do exílio dos sobreviventes). E principalmente: o próprio curso dos eventos, as decisões que foram tomadas e a época mesma em que ocorreu — antes do degelo que possibilitaria o apoio internacional pelos mares com suprimento e o apoio militar dos remanescentes do exército Branco, então chamado de Exército Russo, liderados pelo general czarista exilado Piotr Wrangel (condições previstas no plano do Centro Nacional como imprescindíveis para o sucesso da *virada*) — contradizem qualquer suspeita de que a rebelião de Kronstadt não tenha sido espontânea, fruto da luta e integridade para com os princípios revolucionários daqueles que eram louvados nas ruas como o "orgulho e glória da revolução". Os marinheiros tampouco eram ingênuos sobre os tipos de uso que os elementos contrarrevolucionários tentariam fazer da sua rebelião — e se defenderam com antecedência. Veja, nesse sentido, um trecho de um dos comunicados oficiais do Comitê Revolucionário Provisório no dia 6 de março de 1921: "Nós, camaradas, estamos agora comemorando uma grande vitória sobre a ditadura comunista, mas os nossos inimigos estão comemorando conosco. No entanto, os motivos da nossa alegria e os da alegria deles são absolutamente opostos. Pois nós somos inspirados pelo desejo ardente de restaurar o verdadeiro poder dos sovietes e pela nobre esperança de dar ao trabalhador liberdade de trabalho e ao camponês o direito de dispor da sua terra e dos produtos de seu trabalho; e eles são inspirados pela esperança de restaurar o jugo czarista e os privilégios dos generais".

que raramente, para não dizer nunca, coincidiam com qualquer coisa declarada pelos agentes contrarrevolucionários que viviam no exterior. Por outro lado, muitos eventos ocorridos na Rússia Soviética, e que teriam alegrado o coração da Entente, nunca foram levados a público — eventos muito mais prejudiciais para a Revolução Russa, causados pela ditadura do próprio Partido Comunista. Como, por exemplo, o fato de que a Tcheka boicotou muitas conquistas da Revolução de Outubro e que já em 1921 havia se tornado um tumor maligno no corpo da revolução, além de muitos outros episódios semelhantes que me desviariam do assunto se fossem apropriadamente abordados aqui.

Não, essa notícia antecipada publicada na imprensa parisiense não teve qualquer relação com a rebelião de Kronstadt. É, inclusive, um fato que, em 1921, ninguém em Petrogrado acreditava nessa conexão, nem mesmo boa parte dos comunistas. Como eu já disse antes, John G. Wright não passa de um pupilo de Leon Trótski e ignora completamente o que a maioria das pessoas, dentro e fora do partido, pensavam sobre essa suposta *ligação*.

Futuros historiadores, sem dúvida, julgarão o *motim* de Kronstadt a partir do seu valor real. Se e quando fizerem isso, é certo que chegarão à conclusão de que a revolta não poderia ter vindo num momento mais oportuno caso tivesse sido deliberadamente planejada.

O principal fator que decidiu o destino de Kronstadt foi a NEP (Nova Política Econômica). Lênin — bastante ciente da oposição considerável que o seu esquema *revolucionário* e inovador encontraria dentro do próprio Partido — precisava de alguma ameaça iminente para garantir uma aceitação fácil e rápida da NEP. Kronstadt não poderia ter vindo num momento mais conveniente. Toda a máquina de propaganda difamadora foi imediatamente posta em movimento para provar que os marinheiros estavam em conluio com todos os poderes imperialistas e com todos os elementos contrarrevolucionários para destruir o Estado comunista. Uma estratégia que funcionou como se fosse mágica. A NEP foi rapidamente aprovada e sem nenhum empecilho.[36]

Só o tempo provará o quão terrível foi o custo que essa manobra exigiu. Os trezentos delegados, a flor da juventude comunista, que se precipitaram do Congresso do Partido rumo ao destroçamento de Kronstadt, compunham apenas uma pequena parte dos milhares de pessoas que foram arbitrariamente sacrificadas. Eles se lançaram ao combate acreditando fervorosamente na campanha de difamação contra os marinheiros.[37] Aqueles que permaneceram vivos tiveram de passar por um terrível despertar.

Em *Minha desilusão com a Rússia*, registrei o encontro que tive num hospital com um comunista ferido. Um relato que, desde então, não perdeu em nada a sua relevância:

Muitos dos feridos no ataque a Kronstadt foram encaminhados para o mesmo hospital, quase todos eles eram *kursanti*. Tive a oportunidade de conversar com um deles. Seu sofrimento físico, disse-me ele, não era nada se comparado à sua agonia mental. Ele percebeu tarde demais que havia sido enganado pelos clamores de *contrarrevolução*. Nenhum general czarista, nenhum oficial branco estava na liderança

---

36. No X Congresso do Partido Comunista da Rússia — ocorrido durante os primeiros dias da rebelião de Kronstadt —, Lênin apresentou para aprovação a Nova Política Econômica, cuja implementação deveria ser iniciada imediatamente. Eis aí o marco da passagem do comunismo de guerra para uma economia mista — que, segundo Lênin, havia se provado uma etapa necessária antes do socialismo. Seguindo a linha de raciocínio de Goldman, foi nesse contexto que o líder bolchevique transformou a rebelião de Kronstadt, de um lado, num movimento político contrarrevolucionário, e, de outro, no símbolo social da crise do comunismo de guerra, cuja solução era, não por acaso, a NEP.

37. Numa sessão, a portas fechadas, ocorrida no mesmo X Congresso do Partido Comunista da Rússia no dia 10 de março de 1921, 300 delegados se voluntariaram para o fronte de batalha contra Kronstadt. Segundo a declaração de Trótski, depois da vitória sobre Kronstadt, a celeridade e brutalidade das medidas se fizeram necessárias, pois em pouco tempo o gelo derreteria (as águas do Mar Branco no Golfo da Finlândia derretem justamente entre o final de março e início de abril) e, com isso, os navios de guerra de Kronstadt estariam novamente em prontidão; e além do mais, o caminho para o apoio contrarrevolucionário internacional estaria liberado.

dos marinheiros de Kronstadt — o que ele encontrou foi tão somente os seus próprios camaradas, marinheiros, soldados e trabalhadores, que haviam lutado heroicamente em nome da Revolução.

Ninguém que esteja em pleno gozo das suas faculdades mentais poderá encontrar qualquer semelhança entre a NEP e a reivindicação do direito de livre troca de produtos feita pelos marinheiros de Kronstadt. A NEP veio para reintroduzir os graves males que a Revolução Russa justamente buscou erradicar.[38] A livre troca de produtos entre operários e camponeses, entre a cidade e o campo, encarnava a própria *raison d'être* da revolução. É óbvio que *os anarquistas eram contra a* nep. Mas a livre troca, como Zinoviev me disse em 1920, "está fora do nosso plano de centralização". Pobre Zinoviev que não poderia sequer imaginar o monstro terrível que a centralização do poder se tornaria.[39]

38. Para Goldman, conforme síntese no seu rascunho sobre Vladimir Lênin, redigido em 1924, a Nova Política Econômica era nada mais do que um outro nome para a *reintrodução do capitalismo* na Rússia e, portanto, um retrocesso e traição à revolução. Para ilustrar essa sua posição, vale dar uma olhada numa passagem do sétimo capítulo de *Minha nova desilusão com a Rússia*, em que ela relata, a partir da sua vivência direta, o que significou a implementação da NEP nos centros urbanos da Rússia: "A nova política econômica transformou Moscou num mercado vasto. O comércio tornou-se a nova religião. Lojas e centros comerciais surgiram da noite para o dia, misteriosamente abarrotados com iguarias que a Rússia não via há anos. Grandes quantidades de manteiga, queijo e carne foram expostos para a venda; massas, frutas raras e doces de todas as variedades podiam ser comprados. No prédio da Primeira Casa Soviete abriram uma confeitaria enorme. Homens, mulheres e crianças com rostos esqueléticos e olhos famintos fitavam vidrados as vitrines e conversavam entre si sobre aquele grande milagre: o que ainda ontem era considerado um crime hediondo agora era exibido diante deles de maneira aberta e legal. Ouvi um soldado do Exército Vermelho dizer: 'Foi para isso que fizemos a Revolução? Foi em nome disso que nossos camaradas tiveram que morrer?' O slogan, 'Roube os ladrões' havia sido transformado em 'Respeite os ladrões', e novamente foi proclamada a santidade da propriedade privada".
39. As outras demandas presentes na resolução dos marinheiros de Kronstadt tampouco foram contempladas pela NEP, ao contrário. Em vez de sovietes livres, liberdade de expressão e de imprensa, libertação dos presos políticos etc., deu-se uma intensificação do controle ditatorial bolchevique. Conforme

Foi a *idée fixe* da centralização da ditadura que, desde o início, dividiu a cidade e o campo, os operários e os camponeses; e não, como Leon Trótski defende: porque "um é proletário [...] e o outro pequeno-burguês". Foi a ditadura que paralisou a iniciativa do proletariado da cidade e do campesinato.[40]

Leon Trótski dá a entender que os trabalhadores de Petrogrado rapidamente perceberam "a natureza pequeno-burguesa do levante de Kronstadt" e, por isso, "recusaram qualquer envolvimento".[41] Trótski omite a razão mais importante para essa aparente indiferença dos trabalhadores de Petrogrado. Portanto, é fundamental enfatizar que a campanha de difamação, mentira e calúnia contra os marinheiros teve início já em 2 de março de

mencionado na nota sobre a Oposição operária, no x Congresso do Partido Comunista da Rússia, Lênin apresentou uma resolução, a Resolução Sobre a Unidade do Partido, que abolia todas as vertentes do Partido Comunista Russo, ou seja, empurrava toda e qualquer oposição política de uma vez por todas para a ilegalidade — medida que, levada ao extremo pelo stalinismo, implicou na execução do próprio Zinoviev em 1936.

40. Sobre essa oposição entre operários e camponeses, é interessante, recorrer mais uma vez ao diagnóstico de Avrich. Segundo ele, a *razverstka*, ou seja, a política de requisição forçada de alimentos, base do comunismo de guerra, reavivou a oposição secular entre o campesinato e a autoridade estatal urbana na Rússia. Se, no início do governo bolchevique, o campesinato viu a concretização das suas esperanças com a desapropriação da antiga nobreza rural, e a repartição da terra em milhões de pequenas propriedades, com a introdução da *razverstka* — que conforme admitiu o próprio Lênin era não só garantida à base de armas, como não raro deixava os próprios camponeses sem alimentos (até estourar a Fome de 1921, semanas após Kronstadt) — houve não só distanciamento, mas a oposição e boicote dos camponeses para com o projeto bolchevique. Oposição que atingiu o seu ápice, numa série de revoltas camponesas, quando após a vitória do Exército Vermelho, as políticas de expropriação do comunismo de guerra foram mantidas.

41. A reivindicação camponesa pela manutenção do seu direito às pequenas propriedades e livre troca era rotulada pelos bolcheviques como fruto da sua condição pequeno burguesa incurável, o que é um dos motivos para a oposição presente no texto de Trótski entre o proletário citadino e o campo pequeno-burguês. Como Goldman já mencionou e volta a repetir nos próximos parágrafos, Trótski ignora completamente que a revolta de Kronstadt teve início como apoio aos trabalhadores grevistas de Petrogrado.

1921. A imprensa soviética transbordou veneno contra os marinheiros. As mais desprezíveis acusações foram lançadas contra eles, e isso continuou até o extermínio da revolta de Kronstadt, em 17 de março. Além disso, Petrogrado foi posta sob lei marcial. Várias fábricas foram fechadas; e os trabalhadores, sem ganha-pão, começaram a se encontrar secretamente. No diário de Alexander Berkman, encontrei o seguinte:

Estão ocorrendo muitas prisões. Grupos de grevistas escoltados por tchekistas a caminho da prisão se tornou uma cena comum. Uma grande tensão nervosa paira sobre a cidade. Medidas rigorosas foram adotadas para proteger o governo. Metralhadoras estão posicionadas no Astoria, nos alojamentos de Zinoviev e de outros bolcheviques proeminentes. Proclamações oficiais ordenam o retorno imediato dos grevistas às fábricas [...] e alertam a população para não se aglomerar nas ruas. O Comitê de Defesa deu início a uma *limpeza geral na cidade.* Muitos trabalhadores suspeitos de simpatizar com Kronstadt foram detidos. Todos os marinheiros de Petrogrado e parte da guarnição considerada *indigna de confiança* foram enviados para pontos distantes; e os familiares dos marinheiros de Kronstadt, residentes em Petrogrado, foram feitos reféns. O Comitê de Defesa notificou Kronstadt de que *os prisioneiros serão mantidos como garantia* para a segurança do comissário da frota do Báltico, N. N. Kuzmin, do presidente do soviete de Kronstadt, T. Vassiliev, e dos outros comunistas. Se nossos camaradas sofrerem o menor dano, os reféns pagarão com a vida.

Sob decretos tão ferrenhos, era fisicamente impossível aos trabalhadores de Petrogrado se aliarem a Kronstadt, especialmente porque nenhuma palavra dos manifestos emitidos pelos marinheiros em seu jornal tinha permissão para circular entre os trabalhadores de Petrogrado. Em outras palavras, Leon Trótski falsifica deliberadamente os fatos. Os trabalhadores certamente teriam se aliado aos marinheiros, porque eles sabiam muito bem que os marinheiros nem eram amotinados e nem contrarrevolucionários, mas que haviam se juntado à causa dos trabalhadores como os seus camaradas antecessores haviam feito antes, em

1905, e em março e outubro de 1917.[42] Trata-se, portanto, de uma calúnia grosseira, criminosa e deliberada contra a memória dos marinheiros de Kronstadt.

Na *New International*, página 106, segunda coluna, Trótski garante aos seus leitores que ninguém, "diga-se de passagem, se preocupava naqueles dias com os anarquistas". Infelizmente, isso não condiz com a perseguição implacável contra os anarquistas cujo marco se deu já em 1918, quando Leon Trótski liquidou a sede anarquista em Moscou com metralhadoras.[43] O processo de extermínio dos anarquistas vem desde essa época. Mesmo hoje, tantos anos depois, os campos de concentração do governo soviético estão lotados de anarquistas — os que conseguiram sobreviver. Pois é preciso lembrar que antes da revolta de Kronstadt, em outubro de 1920, Leon Trótski resolveu, mais uma vez, mudar os planos para Makhno, porque precisou da ajuda de seu exército [Negro] para liquidar Wrangel; que Trótski autorizou a conferência anarquista na Kharkov e que várias centenas de anarquistas foram presos e despachados para a prisão de Butirka,

42. Goldman está se referindo às duas outras revoltas ocorridas em Kronstadt, uma em outubro de 1905, reprimida pela guarda imperial, e outra em março de 1917, quando o soviete de Kronstadt se opôs ao governo provisório e, influenciado pelas ideias mais radicais, sobretudo anarquistas, formou uma espécie de comuna — segundo Avrich, aos modos da comuna de Paris.

43. Conforme nos conta mais uma vez Avrich, no seu *Russian Anarchists*, entre a noite e a madrugada dos dias 11 e 12 de abril de 1918, pelotões da Tcheka invadiram todos os 26 centros anarquistas localizados em Moscou. Entre os poucos que ofereceram resistência, estava a principal sede anarquista aqui mencionada por Goldman, conhecida como Casa da Anarquia. Ainda segundo Avrich, no confronto, 40 anarquistas foram mortos ou feridos e mais de 500 foram presos. Em *Minha desilusão com a Rússia*, Goldman também menciona o episódio, ainda que rapidamente. Veja a passagem: "Em abril de 1918, veio outro golpe. Por ordem de Trótski, o quartel-general anarquista em Moscou foi atacado com artilharia, alguns anarquistas foram feridos, um grande número foi preso e todas as atividades anarquistas 'liquidadas'. Esse ataque totalmente inesperado serviu para alienar ainda mais os anarquistas do partido no poder. Ainda assim, a maioria deles continuou cooperando com os bolcheviques: eles compreenderam que, apesar da perseguição interna, voltar-se contra o regime existente era trabalhar a favor das forças contrarrevolucionárias".

onde foram mantidos sem qualquer acusação formal até abril de 1921 e que de lá, junto a outros militantes de esquerda, foram brutalmente sequestrados numa das noites e enviados, sob segredo de Estado, a diferentes prisões e campos de concentração em partes remotas da Rússia e Sibéria.[44] Mas essa é só uma das páginas da história soviética. O ponto que interessa aqui é que os bolcheviques se preocupavam e muito com os anarquistas; ou não haveria motivo para prendê-los e despachá-los, ao velho modo czarista, para partes distantes da Rússia e Sibéria.

Leon Trótski ridiculariza a reivindicação dos marinheiros por sovietes livres.[45] Realmente, foi ingênuo da parte deles pensar que sovietes livres poderiam conviver, lado a lado, com a ditadura. Os sovietes livres deixaram de existir na fase inicial do jogo

44. Como moeda de troca da cooperação de Makhno para com o Exército Vermelho no combate à invasão de Wrangel à Crimeia, os bolcheviques concordaram em anistiar os anarquistas presos, além de lhes garantir liberdade de expressão (desde que as suas críticas ao governo fossem mantidas sob certos limites). Menos de um mês depois, precisamente em 25 de novembro de 1920, com Wrangel derrotado, ocorreu o episódio aqui narrado por Goldman, em que mais de 300 delegados anarquistas foram presos, sem aviso ou explicação, na véspera da conferência autorizada pelos bolcheviques em Kharkov; e as suas lideranças enviadas para a prisão de Butirka. O episódio da remoção criminosa dos presos políticos da prisão de Butirka, aqui rapidamente mencionado, é relatado por Goldman, em detalhes, no seu comovente texto "Mulheres heroicas da Revolução Russa".
45. Eis a passagem de "Protesto e clamor público por Kronstadt" em que Trótski *ridiculariza* essa reivindicação dos marinheiros, paradoxalmente acusando-os de pequeno-burgueses que não sabiam que precisavam do *livre* comércio sob os parâmetros do capitalismo de Estado em vez de sovietes livres: "Os insurgentes não tinham um programa consciente e nem poderiam ter, dada a própria natureza da pequena burguesia. Eles mesmos não entendiam com clareza que o que os seus pais e irmãos precisavam era, antes de tudo, do livre comércio. Estavam descontentes e confusos, mas não enxergavam uma saída. Os mais conscientes, ou seja, os elementos direitistas, atuando nos bastidores, queriam a restauração do regime burguês. Mas claro que eles não diziam isso em voz alta. A ala da *esquerda* queria o fim da disciplina [militar], *sovietes livres* e melhores rações. O regime da NEP só podia pacificar o camponês gradualmente e, depois dele, os setores descontentes do exército e da frota. Mas para isso, tempo e experiência eram necessários".

comunista, assim como os sindicatos e as cooperativas. Todos eles foram acoplados às rodas da máquina do Estado bolchevique. Eu me lembro muito bem de Lênin me dizendo com grande satisfação: "O seu grande homem, Errico Malatesta, é favorável aos nossos sovietes". Ao que eu me apressei em acrescentar: "Você quis dizer os sovietes livres, camarada Lênin. Eu também sou favorável a eles". Lênin mudou de conversa. Logo depois, descobri que sovietes livres já não existiam na Rússia.

John G. Wright atesta que não havia transtornos em Petrogrado antes do dia 22 de fevereiro.[46] Testemunho que faz par com as suas outras repetições do material *histórico* do Partido. Mas a inquietação e insatisfação dos trabalhadores já eram bastante visíveis quando nós chegamos lá. Em cada uma das fábricas que visitei, invariavelmente, encontrei insatisfação e ressentimento extremos decorrentes da transformação de uma ditadura do proletariado na ditadura devastadora do Partido Comunista com as

46. Na tentativa de comprovar que a formação do Comitê Revolucionário Provisório, no dia 2 de março, era, na verdade, resultado de uma ação contrarrevolucionária previamente planejada, Wright defendeu, logo no início do seu texto, que nenhuma reconstrução histórica feita pelos mencheviques e socialistas revolucionários do curso dos acontecimentos em Kronstadt conseguiu remontar a eventos anteriores ao dia 22 de fevereiro. Para ele, essa suposta ausência de eventos históricos que precedessem a rebelião — ausência que é aqui justamente contestada por Goldman —, mais do que suspeita, era praticamente uma prova de que a rebelião havia sido levada a cabo por elementos externos. Veja a passagem de seu texto: "Por mais que estiquem a cronologia a seu bel-prazer, esses historiadores [os mencheviques ecoando os socialistas revolucionários] não podem antecipar o que ocorreu em 2 de março, exceto quando fazem menção a eventos *do final de fevereiro*. A história de Kronstadt elaborada por eles remonta (e não vai além) ao dia 22 de fevereiro — e isso para ocorrências que sequer tiveram lugar em Kronstadt, mas em Petrogrado. Circunscrevendo-se a Kronstadt, eles só podem antecipar 2 de março fazendo referência a 28 de fevereiro! Digam o que disserem, eles só têm à sua disposição três dias e três resoluções. O dia 2 de março com a resolução de não reconhecimento do poder soviético é precedido apenas pelo 1º de março e sua resolução a favor de *sovietes livremente eleitos*. O que aconteceu nesse intervalo de menos de 24 horas para causar uma oscilação de um suposto polo [pacífico] para seu oposto diametral [a rebelião]?".

suas diferentes rações e discriminações. Se o descontentamento dos trabalhadores não explodiu antes de 1921, foi apenas porque eles ainda se apegavam à esperança de que quando os *fronts* fossem liquidados, a promessa da Revolução seria finalmente cumprida. Kronstadt estourou a última bolha de ilusão.

Os marinheiros se atreveram a apoiar os trabalhadores insatisfeitos. Eles se atreveram a exigir que a promessa da Revolução — "Todo o poder aos sovietes" — fosse cumprida. A ditadura política havia assassinado a ditadura do proletariado. Essa e somente essa foi a ofensa imperdoável que os marinheiros cometeram contra o espírito santo do bolchevismo.

Na nota de rodapé da página 49, segunda coluna, Wright declara que Victor Serge, num comentário recente sobre Kronstadt, "admite que os bolcheviques, uma vez confrontados com o motim, não tinham outra alternativa a não ser esmagá-lo". Como, no presente momento, Victor Serge se encontra bem distante das hospitaleiras costas da *pátria* dos trabalhadores, não considero uma deslealdade de minha parte dizer que, se ele realmente deu essa declaração que lhe foi imputada por John G. Wright — simplesmente faltou à verdade. Victor Serge era um dos membros da Seção Comunista Francesa, que, tanto quanto eu, Alexander Berkman e muitos outros revolucionários, ficou completamente transtornado e horrorizado com a carnificina iminente decidida por Leon Trótski de "atirar nos marinheiros como se fossem faisões".[47] Ele costumava passar todo o seu tempo livre no nosso quarto, andando de um lado para o outro, puxando os cabelos, cerrando os punhos com indignação e repetindo incessantemente que "algo precisa ser feito, algo precisa ser feito para impedir esse massacre medonho". Quando foi questionado por que ele, como membro do partido, não se posicionou contrariamente na sessão do partido, a sua resposta foi que se fizesse isso

47. Segundo Berkman, a "ameaça histórica" de Trótski, "vou atirar em vocês como faisões", foi, em seguida, veiculada num decreto oficial (*prikaz*) do governo bolchevique.

não ajudaria em nada os marinheiros, e ainda atrairia a atenção da Tcheka para si, talvez até o seu desaparecimento silencioso. Na época, a única desculpa de Victor Serge era que ele tinha uma jovem esposa e um bebê pequeno. Mas que, agora, depois de dezessete anos, ele afirme que "os bolcheviques, uma vez confrontados com o motim, não tinham outra alternativa a não ser esmagá--lo", é, para dizer o mínimo, indesculpável. Victor Serge sabe tão bem quanto eu que *não houve motim* em Kronstadt, que os marinheiros não usaram as suas armas em nenhum momento antes do bombardeio em Kronstadt começar. Como ele também sabe que nem os comissários comunistas presos, nem nenhum outro comunista sofreu a mínima violência nas mãos dos marinheiros. Apelo, portanto, a Victor Serge para que venha a público com a verdade. Que ele tenha conseguido continuar na Rússia sob o *régime* do camarada Lênin, Trótski e todos os outros infelizes recentemente assassinados, consciente dos horrores que estavam então em curso — isso é um problema dele; o que eu não posso é ficar calada diante da acusação de Wright de que, para ele, os bolcheviques tinham justificativas para aniquilar os marinheiros.[48]

---

48. Na sua obra mais conhecida, *Mémoires d'un révolutionnaire*, cuja primeira publicação data de 1951, Victor Serge irá confirmar a visão de Goldman e Berkman acerca dos fatos decisivos da revolta de Kronstadt. Segundo seu relato, ele e vários dos seus camaradas do Partido Comunista sabiam, desde o primeiro momento, que a notícia de que os marinheiros de Kronstadt estavam sendo liderados por Kozlovski era uma mentira deslavada; e que por se tratar da primeira vez que se deparavam com uma mentira dessa magnitude veiculada pelo Partido, ficaram simplesmente horrorizados. Serge também confirma que a revolta de Kronstadt começou como um movimento de solidariedade aos trabalhadores de Petrogrado; e que descambou para o *motim* tanto pelos rumores surgidos na reunião do dia 2 de março como, especialmente, pelo discurso truculento de Kalinin e Kuzmin — a quem ele considerava os "verdadeiros culpados" pela rebelião. É importante considerar que, já bem antes da publicação das suas *Mémoires* aqui mencionadas, Serge havia colocado publicamente as suas considerações sobre a revolta de Kronstadt — pouco lisonjeiras a Trótski. Mais do que isso, ele foi um dos responsáveis pelo reavivamento desse debate em torno da revolta de Kronstadt no contexto do Grande Expurgo: publicou um primeiro artigo sobre a temática em novembro de 1937 (uma resposta a um

Leon Trótski ironiza a acusação de que ele executou 1.500 marinheiros. Não, ele não fez o trabalho sujo com as próprias mãos. Ele incumbiu Tukhachevski, seu tenente, de atirar nos marinheiros "como faisões", conforme sua ameaça. Tukhachevski cumpriu a ordem à risca. O número de mortos atingiu proporções gigantescas,[49] e os marinheiros que não foram dispensados, após o ataque incessante da artilharia bolchevique, foram colocados sob os cuidados de Dibenko, famoso por seu senso de humanidade e justiça.[50]

outro artigo de Trótski) e um segundo em julho de 1938. Em grande medida, os dois textos de Wright e Trótski aqui debatidos por Goldman são respostas ao primeiro texto de Victor Serge, os quais ela, considerado o presente texto, não teve a oportunidade de ler. Seja como for, na época do incidente, em 1921, no x Congresso, o próprio Serge nos conta nas suas mesmas *Mémoires* que, depois "de muitas hesitações e, com angústia indizível", ele declarou apoio ao Partido contra Kronstadt. Ainda segundo o seu triste relato, muitos dos seus companheiros que "foram para a batalha no gelo contra os rebeldes" sabiam, como ele, "em seus corações que [os kronstadters] estavam certos".
49. De acordo com as estimativas apresentadas por Avrich, no período de 3 a 21 de março, os relatórios oficiais soviéticos relataram mais de 4.000 feridos nos hospitais, dos quais 527 morreram. Quanto aos mortos em batalha, os corpos no Golfo da Finlândia foram tantos que tiveram de ser removidos de modo a não causar graves problemas de saúde pública após o degelo. Outras duas estimativas mencionadas por Avrich, apontam para 10.000 e 2500 mortos e feridos. As estimativas em relação aos rebeldes que sobreviveram e foram presos vão de 2500 e 2000 homens. Os treze que foram julgados como líderes — e dentre os quais não havia nenhum ex-oficial czarista, vale mencionar — foram formalmente executados. Os outros mais de 2000 prisioneiros, ainda segundo o relato de Avrich, que confirma o de Goldman, "dizem que várias centenas foram imediatamente fuzilados em Kronstadt [durante o combate]. O resto foi despachado pela Tcheka para as suas prisões dispersas pelo continente". Em Avrich, Paul. *Kronstadt, 1921, op. cit.*, p. 210–215.
50. Mikhail Tukhachevski foi um dos principais comandantes do Exército Vermelho, responsável por liderar o ataque a Kronstadt. Ocupou cargos de destaque no governo e escreveu diversos livros com a temática militar. Em 1937, Tukhachevski foi um dos executados no Grande Expurgo de Stálin. Pavel Dibenko, que lutou contra Kronstadt sob o comando de Tukhachevski, foi, conforme a alusão de Goldman, nomeado pelo governo, após a vitória, comandante da fortaleza de Kronstadt; dotado de poderes ilimitados, desde que mantivesse

Tukhachevski e Dibenko, os grandes heróis e salvadores da ditadura! A história parece ter sua própria maneira de fazer justiça.

Leon Trótski ensaia um xeque-mate, quando pergunta: "Onde e quando os grandes princípios deles foram confirmados na prática, pelo menos parcialmente, pelo menos na tendência?". Esse lance, como todos os outros que ele já deu na sua vida, não é suficiente para ganhar o jogo. Agora mesmo, os princípios anarquistas estão sendo confirmados na prática e tendência na Espanha. É verdade que apenas parcialmente. Mas como poderia ser diferente, com todas as forças conspirando contra a Revolução Espanhola? O trabalho construtivo realizado pela Confederação Nacional do Trabalho (CNT) e pela Federação Anarquista Ibérica (o FAI), é algo que nunca foi sequer pensado pelo regime bolchevique em todos esses anos no poder, muito embora a coletivização das indústrias e da terra seja a maior das conquistas em qualquer período revolucionário. E mesmo se Franco vencer, e os anarquistas espanhóis foram exterminados, o trabalho que eles começaram continuará vivo. Pois os princípios e as tendências anarquistas estão tão profundamente enraizados no solo espanhol que não podem ser jamais erradicados.

LEON TRÓTSKI, JOHN G. WRIGHT E OS ANARQUISTAS ESPANHÓIS

Durante os quatro anos de guerra civil na Rússia, os anarquistas, praticamente sem exceção, apoiaram os bolcheviques, muito embora, diariamente, se tornassem cada vez mais conscientes do colapso iminente da Revolução. Eles se sentiram no dever de manter o silêncio e evitar tudo o que pudesse ser favorável aos inimigos da Revolução.

---

sufocada qualquer semente de insurreição entre os marinheiros, foi "a glória e orgulho da revolução". Dibenko também foi executado no Grande Expurgo.

É certo que a Revolução Russa lutou contra diversos *fronts* e incontáveis inimigos, mas em nenhum momento as bizarrices foram tão assustadoras quanto aquelas que confrontam o povo espanhol, os anarquistas e sua revolução. As ameaças de Franco, apoiadas pelas forças militares alemães e italianas, a bênção de Stálin à Espanha,[51] a conspiração das potências imperialistas, a traição das chamadas democracias e, por fim, a apatia do proletariado internacional superam em muito os perigos que ameaçaram a Revolução Russa. E o que faz Trótski em face de uma tragédia tão terrível? Ele se junta aos urros da multidão e enfia a sua adaga envenenada nos órgãos vitais dos anarquistas espanhóis no momento crucial. Os anarquistas espanhóis cometeram um grande erro. Eles não convidaram Leon Trótski para assumir o comando da Revolução Espanhola e lhes mostrar o sucesso que ele obteve na Rússia, de modo a repetir o êxito em solo espanhol. Ao que parece, esse foi o motivo da sua humilhação.

51. Conta-se que, em 1936, época do Grande Expurgo, saiu uma nota no jornal oficial do Partido Comunista, *Pravda*, defendendo que fosse dispensado aos anarquistas espanhóis e trotskistas o mesmo tratamento que na Rússia.

O indivíduo, a sociedade e o Estado[1]

As mentes dos seres humanos estão submersas na mais profunda confusão, porque os fundamentos da nossa civilização, ao que parece, encontram-se à beira do colapso. As pessoas estão perdendo a fé nas instituições; e as mais inteligentes já perceberam que o industrialismo capitalista aniquila o propósito ao qual supostamente serve.

O mundo se encontra num verdadeiro beco sem saída. O parlamentarismo e a democracia estão em declínio. A salvação é procurada no fascismo e em outras formas de governo *forte*.

A luta entre ideais opostos, agora em curso no mundo, diz respeito a problemas sociais que exigem, com urgência, uma solução. O bem-estar do indivíduo e o destino da sociedade humana dependem de encontrarmos a resposta correta para essas questões. A crise, o desemprego, a guerra, o desarmamento, as relações internacionais etc. são alguns desses problemas.

O Estado — governo com funções e poderes — é, atualmente, o assunto de maior interesse para todo ser humano que pensa. Os desdobramentos da política nos países civilizados trouxeram consigo uma série de questões. Devemos ter um governo forte? A democracia e o parlamentarismo são realmente preferíveis? Ou seria alguma espécie de fascismo — de ditadura de tipo monárquico, burguês ou proletário —, a solução para os males e dificuldades que afligem a sociedade de hoje?

1. Publicado originalmente como uma brochura pela *Free Society*, de Chicago, em torno de 1940. O título da obra, cujo conteúdo praticamente se resume ao presente texto (há uma nota de Rudolf Rocker e a divulgação da sua biografia, *Living my life*) é *O lugar do indivíduo na sociedade*.

Em outras palavras, para curar os males da democracia é preciso mais democracia, ou é necessário que cortemos o nó górdio do governo popular com a espada da ditadura?[2]

A minha resposta é: nem uma coisa nem outra. Sou contra a ditadura e o fascismo, assim como me oponho aos regimes parlamentares e à chamada democracia política.

É correto chamar o nazismo de ataque à civilização. Essa caracterização se aplica, com igual força, a todas as formas de ditadura; na verdade, a qualquer tipo de autoridade repressiva e coercitiva. Pois o que é civilização no seu sentido mais próprio? Essencialmente, todo progresso humano diz respeito à ampliação das liberdades individuais e à correspondente diminuição da autoridade exercida sobre os indivíduos por forças externas. Isso é válido tanto no domínio físico, quanto nos aspectos político e econômico da existência. No mundo físico, o homem progrediu à medida que subjugou as forças da natureza e as tornou úteis para si mesmo. O homem primitivo deu o primeiro passo no caminho do progresso, quando produziu fogo, triunfando, assim, sobre a escuridão; posteriormente, quando criou meios de utilizar o vento e a água.

Qual papel a autoridade e o governo exercem sobre a pulsão humana de aperfeiçoamento presente na invenção e descoberta? Absolutamente nenhum, ou pelo menos nenhum que seja útil. Sempre foi o indivíduo quem executou cada um dos milagres pertencentes à esfera da descoberta, e isso, inclusive, a despeito da proibição, perseguição e interferência da autoridade — humana e divina.

De modo similar, na esfera política, o caminho para o progresso consiste em se desvencilhar cada vez mais da autoridade do chefe tribal, do chefe do clã, da autoridade do príncipe e do rei,

---

2. Reza a lenda que o nó górdio, feito por um camponês de nome Górdio que se tornou rei da Frígia, foi desfeito por Alexandre, o Grande, ao passar pela região e saber da profecia de que aquele que desfizesse o nó dado pelo rei, morto há séculos, se tornaria governante da Ásia. A versão mais popular, aqui aludida por Goldman, é que, depois de muito examinar o nó, Alexandre o cortou com sua espada, ao que se seguiu a realização da profecia.

do governo e do Estado. Economicamente, o progresso sempre significou o bem-estar crescente de um número cada vez maior de pessoas. Culturalmente, é o resultado de todas essas conquistas — uma maior independência política, mental e psíquica.

Sob esse ângulo, os problemas da relação do homem com o Estado assumem um significado totalmente diferente. Não se trata mais de saber se a ditadura é preferível à democracia, ou se o fascismo italiano é superior ao hitlerismo. Uma questão muito mais vital e importante nos interpela: o governo político, o Estado, é realmente benéfico para a humanidade? Como ele afeta o indivíduo inserido na ordem social das coisas?

O indivíduo é a verdadeira realidade da vida. Um cosmos em si mesmo, ele não existe para o Estado, como tampouco em função da abstração que chamamos *sociedade* ou *nação*, que nada mais é do que um agrupamento de indivíduos. O ser humano, o indivíduo, sempre foi e sempre será a única fonte e força motriz da evolução e do progresso. A civilização é uma luta contínua do indivíduo ou de grupos de indivíduos contra o Estado e inclusive contra a *sociedade*; isto é, uma luta contínua contra a maioria subjugada e hipnotizada pelo Estado e pelo culto ao Estado. As maiores batalhas do ser humano foram travadas contra obstáculos artificiais criados por ele mesmo e impostos sobre si mesmo para paralisar o seu crescimento e desenvolvimento. O pensamento humano desde sempre é falsificado pela tradição e pelos costumes, pervertido por uma educação falsa moldada pelos interesses dos que detêm o poder e gozam de seus privilégios. Em outras palavras: é falsificado e pervertido pelos interesses do Estado e das classes dominantes. Esse conflito constante e incessante é a própria substância da história da humanidade.

A individualidade pode ser descrita como a consciência do indivíduo acerca daquilo que ele é e de como ele vive. É inerente a todo ser humano e pode ser desenvolvida. O Estado e as instituições sociais vêm e vão, mas a individualidade permanece e persiste. A essência mais própria da individualidade é a expressão; o senso de dignidade e de independência é o solo onde se prolifera.

A individualidade não é aquela coisa impessoal e mecânica que o Estado trata como o *indivíduo*. O indivíduo não é o mero resultado da hereditariedade e do ambiente, um desdobramento de alguma relação de causa e efeito. Ele é isso, mas também é muito mais do que isso. Um ser humano vivo não pode ser sequer definido, pois é a fonte da vida e de todos os valores; ele não é parte disso ou daquilo, é um todo, um todo individual, em crescimento e transformação, mas, ainda assim, um todo constante.

A individualidade não deve ser confundida com as ideias e conceitos de individualismo; e muito menos com o tal *individualismo rude*[3] que não passa de uma tentativa mascarada de

3. No original, *rugged individualism*, termo cunhado por Hebert Hoover, 31º presidente dos Estados Unidos (1929–1933), no seu discurso de campanha em 1928. Com esse discurso Hoover encerrou a sua campanha, por assim dizer, com chave de ouro — ainda que sob a perspectiva de Goldman se tratasse de ouro-de-tolo. Hoover opunha o que chamou de *individualismo rude* justamente à ideia de Estado socialista. Segundo ele, o individualismo rude era um dos "princípios fundamentais" que deveriam nortear o governo dos Estados Unidos, por ser elemento constituinte da sua própria tradição durante os últimos 150 anos. Resumidamente, segundo ele, o individualismo rude diria respeito à livre iniciativa e capacidade empreendedora individual que justamente teriam colocado os Estados Unidos avante na "marcha do progresso" para "além de todo o mundo". O principal objetivo do seu *conceito de individualismo rude*, do seu louvor ao empreendedorismo individual (que até hoje nos assombra) era justificar a necessidade do enxugamento do orçamento do Estado — que havia assumido responsabilidades sem precedentes durante a Primeira Grande Guerra —, além da defesa da não interferência do governo nos negócios. Veja a passagem em que Hoover apresenta o seu *conceito*: "Durante [a Primeira Guerra Mundial] por necessidade recorremos ao governo para resolver todos os problemas econômicos difíceis. Porque o governo absorveu todas as energias do nosso povo para a guerra, não havia outra solução. Para preservar o Estado, o governo federal se tornou um déspota centralizado: assumiu responsabilidades sem precedentes, dotou-se de poderes autocráticos e exerceu controle sobre os negócios dos cidadãos. Em grande medida, arregimentamos temporariamente o nosso povo num Estado socialista. Por mais justificado que seja em tempos de guerra, se mantido em tempos de paz, destruiria não apenas o nosso sistema americano, mas também o nosso progresso e liberdade. Quando a guerra terminou [...] fomos desafiados com a [...] escolha entre o sistema americano do individualismo rude e uma filosofia

reprimir e aniquilar o indivíduo e a sua individualidade. O que se chama de individualismo é o mesmo que o *laissez-faire* social e econômico:[4] a exploração das massas pelas classes dominantes por meio de trapaças legais, do aviltamento espiritual e da doutrinação sistemática ao espírito servil — processo que ficou conhecido sob o nome de *educação*. Esse *individualismo* corrupto e perverso é uma camisa-de-força para a individualidade. Transformou a vida numa busca degradante por coisas externas, por posse, por prestígio social e supremacia. Sua mais alta sabedoria é "farinha pouca, meu pirão primeiro".[5]

O *individualismo rude* resultou, como era inevitável, na pior forma de escravidão moderna, nas mais brutais distinções de classe, levando milhões à insegurança alimentar.[6] O *individualismo rude* significa simplesmente que o *individualismo* é exclusivo dos senhores, enquanto o povo é arregimentado numa casta de escravos para servir a um punhado de *super-homens* egocêntricos. A América é possivelmente o maior representante desse tipo de individualismo, em nome do qual a tirania política e a opressão social são defendidas e consideradas virtudes; ao mesmo tempo em que as aspirações e tentativas de trazer para a vida liberdade e oportunidades sociais efetivas são denunciadas

de origem europeia formada de doutrinas diametralmente opostas às nossas, doutrinas do paternalismo e do socialismo de Estado. A aceitação dessas ideias significaria a destruição do nosso autogoverno através da centralização [...] e o enfraquecimento da iniciativa individual e do empreendedorismo por meio dos quais o nosso povo cresceu a uma grandeza sem paralelos". Vale lembrar que sua política de intervenção mínima durante a Crise de 1929 que estourou no primeiro ano do seu mandato lhe custou a reeleição.
4. Note-se que a expressão *laissez-faire* é uma expressão icônica do liberalismo econômico, que, simplificadamente, diz respeito a um modelo político-econômico da não interferência governamental nas questões de mercado.
5. No original, *the devil take the hindmost*, ditado popular da língua inglesa que, traduzido literalmente, seria "o diabo por último".
6. No original, *breadline*.

como *antiamericanas* e condenadas moralmente em nome do mesmo individualismo.[7]

Houve um tempo em que não se sabia o que era Estado. Em sua condição natural, o homem existiu sem qualquer forma de Estado ou de organização governamental. As pessoas viviam como uma família em pequenas comunidades; elas cultivavam o solo e praticavam artes e ofícios. O indivíduo, e posteriormente a família, era a unidade da vida social, na qual cada um era livre e igual ao seu vizinho. A sociedade humana de então não era o Es-

7. É interessante mencionar que em 1938, foi criado o Comitê de Atividades Antiamericanas, com o objetivo de investigar atividades subversivas, ou seja, comunistas em solo americano. Dentre os seus mais conhecidos investigadores estava Richard Nixon e, entre os seus mais ilustres investigados, ninguém menos do que Bertolt Brecht, que viveu nos Estados Unidos no período da Segunda Grande Guerra (1939–1947). Em 1947, início da guerra fria, Brecht foi convocado para depor ao Comitê acerca das suas peças e poemas subversivos. Logo após o depoimento, ele retornou para a Alemanha Oriental. Vale também mencionar que, em 1948, foi apresentado um projeto de lei da autoria de Nixon e do deputado Karl Mundt, na época presidente do Comitê de Atividades Antiamericanas, para o controle das atividades do Partido Comunista Americano. O projeto de lei encontrava a sua justificação nos resultados das atividades do Comitê. Veja, nesse sentido, uma passagem da defesa de Mundt ao projeto de sua coautoria: "Dez anos de investigação do Comitê de Atividades Antiamericanas e das investigações que lhe precederam estabelecem que: 1. o movimento comunista nos Estados Unidos é controlado por estrangeiros; 2. o seu objetivo final em relação aos Estados Unidos é derrubar as livres instituições americanas em favor de uma ditadura comunista totalitária controlada do exterior; 3. as suas atividades são realizadas em segredo e se valem de métodos conspiratórios; e 4. tanto por conta da marcha alarmante das forças comunistas no exterior agora em curso, quanto por conta do escopo e da natureza das atividades comunistas aqui nos Estados Unidos, elas constituem uma ameaça imediata e poderosa à segurança dos Estados Unidos e ao modo de vida americano". O projeto não passou pelo Senado. O argumento do Partido Comunista Americano contra o projeto foi poderoso ao identificar o seu conteúdo ao fascismo. Veja uma das passagens: "O projeto de lei Nixon-Mundt é uma lei fascista de preparação para a guerra [...] Se o projeto de lei Nixon-Mundt passar as pessoas de todo o mundo entenderão que o perigo da Terceira Guerra Mundial se tornou ainda mais iminente — porque elas não esqueceram que a Segunda Guerra Mundial começou com o incêndio do Reichstag e o banimento do Partido Comunista Alemão".

tado, mas a *associação*; uma associação *voluntária* para proteção e benefício mútuos. Os membros mais velhos e experientes eram os guias e conselheiros do povo. Eles ajudavam a lidar com os assuntos da vida, não governavam ou dominavam os indivíduos.

O governo político e o Estado se desenvolveram muito depois disso, surgiram do desejo do mais forte de tirar vantagem do mais fraco, do desejo de poucos contra muitos. O Estado, tanto o eclesiástico, quanto o secular, apenas serviu para dar uma aparência de legalidade e de direito aos males cometidos por poucos contra muitos. A aparência de legalidade foi necessária para facilitar o governo do povo, porque nenhum governo pode existir sem o consentimento do povo, seja esse consentimento aberto, tácito ou presumido. O constitucionalismo e a democracia são as formas modernas desse suposto consentimento, inoculado doutrinariamente através da chamada *educação* — recebida em casa, na igreja e em todas as diferentes esferas da vida.

Esse consentimento é a própria crença na autoridade, na necessidade da autoridade. Em seu fundamento está a doutrina de que o homem é mau, de caráter viciado e excessivamente incompetente para saber o que é bom para si. É sobre esse tipo de crença que o governo e a opressão são construídos. Deus e o Estado existem e são sustentados por esse dogma.

No entanto, Estado não é nada mais do que um nome. É uma abstração. Como no caso de outros conceitos semelhantes — nação, raça, humanidade —, ele não possui realidade orgânica. Compreender o Estado como organismo revela uma tendência doentia de fazer das palavras um fetiche.

Estado é o termo utilizado para designar o maquinário legislativo e administrativo através do qual certos interesses do povo são negociados, e negociados muito mal. Aí não há nada de sagrado, divino ou misterioso. O Estado não tem uma consciência maior ou um propósito moral mais elevado do que têm empresas comerciais de mineração de carvão e de gerenciamento de ferrovias.

O Estado é tão real quanto deuses e demônios. Todas essas entidades são, em igual medida, reflexos e criações do homem para o homem, para o indivíduo que é a única realidade. O Estado é apenas a sombra do homem, a sombra da sua obtusidade, do seu medo e ignorância.

A vida começa e termina no ser humano, no indivíduo. Sem ele não há raça, nem humanidade, nem Estado. Não, a *sociedade* não é possível sem o ser humano. É o indivíduo quem vive, respira e sofre. O seu desenvolvimento e avanço consistem na luta contínua contra os fetiches de sua própria criação — especialmente contra o *Estado*.

Antigamente, a autoridade religiosa moldava a vida política a partir da imagem da Igreja. A autoridade do Estado, os *direitos* dos governantes vinham de cima; o poder, como a fé, era divino. Os filósofos escreveram grossos volumes para provar a santidade do Estado; alguns até o transvestiram com a infalibilidade e demais atributos divinos. Outros convenceram a si próprios da concepção insana de que o Estado é *sobre-humano*, a realidade suprema, *o Absoluto*.

A pesquisa e investigação foram condenadas como blasfêmia. A servidão foi considerada a maior das virtudes. Através de tais preceitos e treinamento, certas coisas passaram a ser tomadas como autoevidentes, sagradas em sua verdade; tão somente por conta da sua repetição constante e persistente.

O progresso humano é essencialmente desmascaramento da *divindade* e do *mistério*, do que é pretensamente sagrado, da *verdade* eterna; implica a eliminação gradual da abstração e a sua substituição pelo que é real e concreto. Em suma, é a vitória dos fatos contra a fantasia, do conhecimento contra a ignorância, da luz contra a escuridão.

A lenta e árdua libertação do indivíduo nunca foi levada a cabo com a ajuda do Estado. Ao contrário, foi através do conflito contínuo, da luta de vida e morte contra o Estado que cada vestígio de independência e liberdade foi conquistado. O pouco que se conseguiu arrancar, até agora, das mãos dos reis, czares e governos custou à humanidade não só muito tempo, como também rios de sangue.

A grande figura heroica desse gólgota interminável é o Homem. Foi sempre o indivíduo, frequentemente sozinho e por si só, e, em certas ocasiões, em unidade e cooperação com outros de sua estirpe, quem lutou e sangrou nessa batalha milenar contra a repressão e a opressão, contra os poderes que o escravizam e degradam.

E o que é ainda mais significativo: foi a alma do homem, do indivíduo, que primeiro se rebelou contra a injustiça e a degradação; foi o indivíduo quem primeiro concebeu a ideia de resistir às condições que o exasperavam. Em suma, o indivíduo é o pai e a mãe tanto do pensamento quanto da ação libertários.

Isso diz respeito não apenas às lutas políticas, mas à vida e à atividade humana como um todo, em todas as eras e localidades. Foi sempre o indivíduo, o homem de ideias fortes e vontade de liberdade, quem pavimentou o caminho para cada avanço da humanidade, para cada passo em direção a um mundo mais livre e melhor; na filosofia, na ciência e na arte, assim como na indústria, é o gênio do indivíduo que se eleva às alturas e concebe o *impossível*, que visualiza a sua realização e inspira os demais, com o seu entusiasmo, a trabalhar e a lutar por esse *impossível*. Em termos sociais, foi sempre o profeta, o vidente, o idealista, quem sonhou com um mundo mais condizente com o desejo de seu coração e quem serviu de farol na estrada que conduz às grandes realizações.

O Estado, isto é, todo governo, independentemente da sua forma, caráter ou tendência — seja absolutista ou constitucional, monárquico ou republicano, fascista, nazista ou bolchevique — é, devido a sua própria natureza, conservador, estático, intolerante à mudança e contrário a ela. Qualquer mudança no Estado é sempre resultado da pressão exercida sobre ele; uma pressão forte o suficiente a ponto de obrigar os poderes governantes a se sujeitarem pacificamente ou de um outro modo, quando geralmente é *de um outro modo* que a coisa se dá — ou seja, por meio da revolução. O conservadorismo inerente a um governo, a todas as formas de autoridade, é, inevitavelmente, reacionário. E isso por dois motivos: primeiro, porque é da natureza do próprio governo não apenas conservar o poder que possui, mas também fortalecê-lo, ampliá-lo e perpetuá-lo, no nível nacional e internacional. Quanto mais forte a autoridade, maior o poder do Estado e menor a sua tolerância para com outra autoridade semelhante, para com outro poder político que se pretenda equivalente. A psicologia de um governo exige que a sua influência e prestígio aumentem constantemente, tanto em casa quanto no exterior, e daí que tire partido de cada uma das oportunidades que possa colaborar com esse fim. Os interesses financeiros e comerciais que estão por trás de um governo, interesses que o governo representa e serve, motivam essa tendência do aumento contínuo da sua influência e prestígio. A *raison d'être* fundamental de todo governo — para a qual os historiadores do passado fecharam deliberadamente os olhos — tornou-se tão absurdamente óbvia neste nosso presente, que nem mesmo os professores podem ignorá-la.

O segundo fator que impele os governos a se tornarem cada vez mais conservadores e reacionários é a desconfiança e o medo do indivíduo da individualidade; desconfiança e medo que são inerentes a um governo. O nosso sistema político e social não pode se dar ao luxo de tolerar o indivíduo e a sua busca interminável por inovação. É, portanto, em *legítima defesa* que o Estado reprime, persegue, pune e até mesmo priva o indivíduo da sua própria vida. Para isso, conta com o auxílio de todas as instituições erigidas para a preservação da ordem existente. O Estado recorre a todas as formas de violência e força, e para isso se vale do apoio da maioria e a sua *indignação moral* contra o herege, o dissidente social, o rebelde político. A maioria que, há séculos e séculos, é treinada para cultuar o Estado, para a disciplina e obediência, e que foi subjugada através do medo da autoridade, em casa, na escola, na igreja e, recentemente, através da imprensa.

O principal baluarte da autoridade é a uniformidade; a menor divergência é o maior dos crimes. A mecanização generalizada que caracteriza a vida moderna fez com que a uniformidade aumentasse de modo incomensurável. Ela está presente em todos os lugares, nos hábitos, nos gostos, nas vestimentas, pensamentos e ideias. A sua estupidez mais concentrada é a chamada *opinião pública*. Poucos têm coragem de se opor a ela. Toda pessoa que recusa se submeter à opinião pública é rotulada de uma vez por todas como *esquisita*, *diferente*, e condenada à condição de elemento perturbador à confortável estagnação da vida moderna.

Talvez a uniformidade social com a sua mesmice seja uma ameaça ainda maior contra o indivíduo do que a autoridade instituída. Pois a própria *unicidade*, *distinção* e *diferença* fazem do indivíduo um estrangeiro não apenas na sua terra natal, mas no interior da sua própria casa. Via de regra, o indivíduo é mais estrangeiro do que o estrangeiro propriamente dito — que tende a se adaptar, com docilidade, às convenções sociais.

A terra natal, com seu passado e tradição, ligada às primeiras impressões e reminiscências que provocam ternura em seus nativos, não é suficiente para que pessoas sensíveis se sintam em casa. Certa atmosfera de *pertencimento*, a consciência de ser *um* com as pessoas e o ambiente, é o essencial da sensação de estar em casa. Isso vale tanto em relação à família, o menor dos círculos sociais, quanto às esferas mais amplas da vida e das atividades que formam o que se chama de país. Muitas vezes, é na própria terra natal, onde o indivíduo, cuja visão abrange o mundo inteiro, se sente mais sufocado e desenraizado do seu entorno.

Antes da guerra, o indivíduo tinha, pelo menos, a chance de escapar do tédio nacional e familiar. O mundo estava aberto aos seus anseios e buscas. Agora, o mundo se transformou numa prisão, e a vida num confinamento contínuo e solitário. Condição, especialmente verdadeira, desde o advento das ditaduras — tanto de direita, quanto de esquerda.

Friedrich Nietzsche chamou o Estado de monstro frio. Como ele teria chamado essa besta hedionda que se nos apresenta sob o traje da ditadura moderna? Não que os governos anteriores tenham alguma vez permitido muito espaço para o indivíduo; mas os campeões da nova ideologia de Estado não dão nem mesmo o pouco de antes. "O indivíduo não é nada", declaram, "é a coletividade o que importa". Numa sentença: nada menos do que a rendição completa do indivíduo é capaz de satisfazer o apetite insaciável da nova deidade.

É bem estranho que os defensores mais fervorosos do novo evangelho sejam encontrados em meio à *intelligentsia* britânica e americana. Agora mesmo andam apaixonados pela *ditadura do proletariado*. Certamente, apenas na teoria. Porque, na prática, não podem deixar de preferir as pequenas liberdades de que gozam em seus respectivos países. Eles viajam para a Rússia em visitas curtas ou na condição de mercadores da *revolução*, mas fato é que se sentem mais seguros e confortáveis em casa.

Talvez não seja apenas a falta de coragem, o que prende esses bons britânicos e americanos às suas respectivas terras natais, em vez de simplesmente se lançarem no novo milênio por vir. Inconscientemente, é possível que resguardem o sentimento de que a individualidade nunca deixará de ser o fato elementar de todas as associações humanas, e que mesmo que seja reprimida e perseguida, jamais será derrotada, que a longo prazo será a vencedora.

O *gênio do homem*, um outro nome para a personalidade e a individualidade, ao abrir o seu caminho, perfura todas as cavernas do dogma, as grossas muralhas da tradição e dos costumes, o que obriga a desafiar todos os tabus, a desconsiderar as autoridades como nada, até ficar cara a cara com a difamação e o cadafalso — e, no final, ser abençoado como profeta e mártir pelas gerações seguintes. Se não fosse o *gênio do homem*, essência da individualidade, ainda estaríamos vagando pelas florestas primitivas.

Piotr Kropotkin demonstrou os resultados maravilhosos que a força única da individualidade humana pode alcançar quando fortalecida pela *cooperação* com outras individualidades. A teoria darwiniana da luta pela existência, inteiramente inadequada e unilateral, foi reformulada de maneira definitiva, nos seus aspectos biológicos e sociológicos, por esse grande cientista e pensador anarquista. Na sua obra profunda, intitulada *Apoio mútuo*, Kropotkin apresenta a tese de que no reino animal, bem como na sociedade humana, a cooperação — em oposição a brigas e lutas destrutivas — é um fator de sobrevivência e evolução das espécies. Ele comprovou que apenas o apoio mútuo e a cooperação voluntária — e não o Estado onipotente e devastador — podem vir a criar as bases de uma vida individual e em associação verdadeiramente livre.

Atualmente, o indivíduo é o peão no xadrez dos zelotes da ditadura contra os zelotes, igualmente lunáticos, do *individualismo rude*.[8] A desculpa dos primeiros é a de que estariam na direção de um novo objetivo. Os segundos sequer pretendem fingir que estão propondo alguma coisa de nova. Na verdade, o *individualismo rude* não aprendeu nada e não esqueceu nada: sob sua perspectiva, a luta brutal pela existência material deve ser mantida. Por mais estranho que possa parecer, e por mais absurdo que de fato seja, a luta pela sobrevivência material prossegue sem grandes mudanças, muito embora a sua necessidade já tenha desaparecido completamente. É certo que essa luta está sendo artificialmente prolongada, porque todos os fatores indicam que não já há nenhuma necessidade dela. Não é isso o que a chamada superprodução comprova? A crise econômica mundial não demonstra de modo suficientemente eloquente que a luta pela existência é perpetuada pela cegueira deliberada desse *individualismo rude*, sob o risco da sua própria destruição?

Uma das características mais insanas dessa luta é a completa negação da relação entre o produtor e as coisas que ele produz. O trabalhador médio não tem uma conexão efetiva com a indústria em que está empregado, é um estranho ao processo de produção, do qual é uma outra peça mecânica. E, como qualquer parte da maquinaria, pode ser substituído a qualquer momento por outro ser humano similar, igualmente despersonalizado.

No que diz respeito ao proletário intelectual, muito embora, por tolice, ele se compreenda como um agente livre, efetivamente não se encontra numa condição muito melhor. Assim como

---

8. Zelota era o nome de um grupo *revolucionário* judeu, no século I, cujos membros eram os zelotes. Ficaram conhecidos não só pelo que é comumente designado fanatismo religioso — pretendiam estabelecer o reino de Deus na Terra —, mas pela oposição armada ao domínio romano. Levaram a cabo a primeira guerra judaico-romana que culminou com a derrota e a destruição de Jerusalém.

o seu irmão que trabalha com as mãos, ele também não tem muita escolha ou autonomia no seu *métier* particular. Questões materiais e o desejo por um maior prestígio social são geralmente os fatores determinantes para a vocação intelectual. Acrescente--se a isso a tendência de seguir os passos da tradição familiar; tornar-se médico, advogado, professor, engenheiro etc., muitas vezes, é uma escolha que requer pouco esforço e personalidade. A consequência disso é que quase todo mundo está fora de lugar no nosso atual estado das coisas. As massas se arrastam, de um lado, porque os seus sentidos foram entorpecidos por uma rotina de trabalho verdadeiramente mortífera, de outro, porque precisam trabalhar duro para garantir a sobrevivência. Isso se aplica com força ainda maior à estrutura da política atual. Não há lugar para a livre escolha, para o pensamento e atividade independentes. Só há lugar para fantoches votantes e pagadores de impostos.

Os interesses do Estado e os do indivíduo diferem fundamen-talmente, são antagônicos. O Estado e as instituições políticas e econômicas que ele respalda só podem existir se deformarem o in-divíduo de acordo com seus propósitos particulares; treinando-o a respeitar a *lei e a ordem*; ensinando-o a obedecer, a se submeter e a não questionar a sabedoria e justiça do governo; e, principalmente: condicionando-o ao serviço fiel e ao autossacrifício completo, caso o Estado dê o comando para tal, como acontece na guerra. O Estado inclusive coloca a si e aos seus interesses acima das rei-vindicações da religião e de Deus. Ele condena e pune escrúpulos religiosos ou morais individuais; porque a individualidade não existe sem a liberdade e a liberdade é a maior ameaça à autoridade.

A luta do indivíduo contra essas pressões gigantescas é a mais difícil — costuma colocar em perigo a sua vida e integridade física —, porque o critério da oposição com a qual se depara não é o verdadeiro e o falso. Não é a validade ou a utilidade do seu pensamento e da sua atividade, o que desperta contra ele as forças do Estado e da *opinião pública*. A perseguição contra o inovador e o contestador é insuflada pelo medo que a autoridade instituída tem de ver a sua infalibilidade questionada e, por consequência, o seu poder enfraquecido.

A verdadeira libertação, individual e coletiva, é a emancipação da autoridade, da crença na autoridade. A evolução humana é a luta em direção a esse objetivo, em nome desse objetivo. Não é a inovação e nem o avanço técnico que constituem o desenvolvimento. A capacidade de viajar a uma velocidade de 160 quilômetros por hora não é prova de que se é civilizado. A verdadeira civilidade deve ser mensurada pelo indivíduo, a unidade de toda vida social; ou seja: pela sua individualidade e a extensão em que é livre para crescer e se expandir, sem que seja impedido por alguma autoridade invasiva e coercitiva.

Em termos sociais, o critério de civilização e cultura diz respeito à liberdade e às oportunidades econômicas que um indivíduo pode desfrutar; à ausência de restrições, impostas por leis ou por outros obstáculos artificiais à unidade e cooperação internacional e social; diz respeito à inexistência de castas privilegiadas e à realização e concretude da liberdade e da dignidade humanas. Em suma: diz respeito à verdadeira emancipação do indivíduo.

O absolutismo político foi abolido, porque, com o passar do tempo, os seres humanos perceberam que o poder absoluto é mau e destrutivo. O mesmo raciocínio pode ser aplicado a todas as formas de poder: seja o poder do privilégio, do dinheiro, do sacerdócio, da política ou mesmo o da chamada democracia. O seu efeito sobre a individualidade é sempre terrível, pouco importando qual é a peculiaridade da coerção: se é negra como no fascismo,[9] cáqui como no nazismo ou pretensamente vermelha como no caso do bolchevismo. O poder corrompe e degrada tanto o senhor, quanto o escravo, e não faz grande diferença se é exercido por um autocrata, pelo parlamento ou pelos sovietes. Mais perigoso do que o poder de um ditador é o poder de uma classe; e o mais terrível — a tirania da maioria.

9. Referência ao grupo paramilitar da Itália fascista, cujos membros eram conhecidos como *camisas negras*.

A longa marcha da história ensinou ao ser humano que divisão e conflito significam morte, e que somente a unidade e a cooperação podem fazer avançar a sua causa, multiplicar a sua força e fomentar seu bem-estar. O espírito dos governos sempre trabalhou contra a aplicação dessa lição vital na sociedade, com exceção das ocasiões em que ela foi útil ao Estado, favorável aos seus interesses particulares. É esse espírito antiprogressista e antissocial do Estado e das castas privilegiadas que se ocultam por trás dele, o responsável por toda essa luta feroz deflagrada entre os seres humanos. De outro lado, o indivíduo e grupos cada vez maiores de indivíduos estão começando a ver para além da superficialidade da ordem estabelecida. Eles já não estão tão cegos, como no passado, pelo brilho falso da ideia de Estado, como tampouco o estão pelas *bênçãos* do *individualismo rude*. O ser humano está ampliando o escopo das relações humanas, ampliação que apenas a liberdade pode possibilitar. Pois a verdadeira liberdade não é um pedaço de papel chamado de *constituição*, *direito legal* ou *lei*. Não é uma abstração derivada da não-realidade conhecida como *o Estado*. Não é *negativa*, no sentido de se estar livre de alguma coisa, pois com esse tipo liberdade se pode morrer de fome. A liberdade real, a liberdade verdadeira é necessariamente *positiva*: é a liberdade para algo; é a liberdade de ser e fazer; numa sentença: é a liberdade de desfrutar de oportunidades efetivas e ativas.

Esse tipo de liberdade não é um dom: é o direito natural do homem, de todo ser humano. E que, portanto, não pode ser dado ou concedido por alguma lei ou governo. A necessidade de liberdade, o anseio por liberdade é inerente ao indivíduo. A desobediência às mais variadas formas de repressão é a expressão instintiva disso. As rebeliões e a revolução são tentativas, mais ou menos conscientes, de alcançar a liberdade. Essas manifestações individuais e sociais, são fundamentalmente expressões dos valores humanos. Para que esses valores sejam nutridos, a comunidade precisa perceber que o seu bem maior e mais duradouro é a unidade: o indivíduo.

Tanto em religião, quanto em política, as pessoas falam sobre abstrações e acreditam que, assim, estão tratando de realidades.

Quando, porém, a coisa diz mesmo respeito ao real e ao concreto, a maioria das pessoas parece não ter uma ligação realmente significativa. Talvez isso ocorra, porque a realidade é muito literal, muito fria para entusiasmar a alma humana. O entusiasmo só pode ser desperto com coisas fora do comum, extraordinárias. Em outras palavras, o ideal é a centelha que incendeia a imaginação e o coração dos seres humanos. O ideal é necessário para despertar os seres humanos da inércia e da monotonia da vida cotidiana, para transformar o escravo abjeto em herói.

E é sobre esse ponto, claro, que o crítico marxista mais marxista do próprio Marx se manifesta. Pois para um tipo como esse, o ser humano se resume a um fantoche nas mãos daquele ente metafísico todo-poderoso chamado determinismo econômico ou, mais popularmente, luta de classes. A vontade do ser humano, individual e coletiva, sua vida psíquica e orientação intelectual não contam quase nada para esse nosso marxista e não afetam a sua concepção da história humana.

Nenhum estudante minimamente inteligente negará a importância do fator econômico para o crescimento social e para o desenvolvimento da humanidade. Contudo, apenas o dogmatismo mais extremo e limitado pode insistir em permanecer cego para a importância do papel desempenhado pelas ideias concebidas pela imaginação e pelos anseios do indivíduo.

Seria vão e inútil tentar medir o grau de importância dos diferentes fatores da experiência humana. Nenhum elemento do complexo comportamento individual e social pode ser considerado o único decisivo. Nós sabemos muito pouco, e talvez nunca saibamos o suficiente, sobre a psicologia humana para que possamos pesar e medir os valores relativos a este ou àquele fator como o mais ou menos determinante na conduta de um ser humano. Formular esse tipo de dogma de implicação social é puro fanatismo; embora, talvez, até tenha alguma utilidade, porque a própria tentativa de fazer isso é prova da persistência da vontade humana e, assim, uma refutação aos marxistas.

Felizmente, até mesmo alguns marxistas estão começando a enxergar que nem tudo que diz respeito ao seu credo é verdade. Até porque Marx era apenas um humano — demasiado humano — e, portanto, de modo algum, infalível. A aplicação prática do determinismo econômico na Rússia está ajudando a desanuviar as ideias dos marxistas mais inteligentes. Isso pode ser visto na transvaloração dos valores marxistas atualmente em curso em certos círculos socialistas e comunistas de alguns países europeus. Lentamente, eles estão percebendo que a sua teoria negligenciou o elemento humano, *den Menschen*, como foi colocado por um jornal socialista. Por mais importante que seja o fator econômico, ele não é exclusivo. A regeneração da humanidade exige a inspiração e a força energizante de um ideal.

Para mim, esse ideal é o anarquismo. Certamente, não as interpretações deturpadas do anarquismo propagadas pelos adoradores do Estado e pelas autoridades. Eu me refiro à filosofia de uma nova ordem social fundada nas energias liberadas do indivíduo e na livre associação de indivíduos libertos.

De todas as teorias sociais, é apenas o Anarquismo que proclama, com firmeza inabalável, que a sociedade existe para o ser humano e não o ser humano para a sociedade. O único propósito legítimo da sociedade é servir às necessidades e promover as aspirações do indivíduo. Somente assim, a sociedade pode ter a sua existência justificada e ser o terreno para o progresso e a cultura.

Os partidos políticos e os seres humanos que selvagemente lutam uns contra os outros na luta pelo poder me desprezarão como alguém que se encontra em desarmonia irreconciliável com o nosso tempo. Aceito, com alegria, essa acusação. Pois me conforto com a certeza de que a histeria deles carece da qualidade da permanência. A hosana deles é tão somente a do momento.

O anseio do ser humano pela libertação de toda autoridade e de todo o poder nunca será atenuado. A busca do ser humano pela libertação de todas as algemas é eterna. E assim deve ser e, assim, continuará.

COLEÇÃO «HEDRA EDIÇÕES»

112. *Sobre o riso e a loucura*, [Hipócrates]
113. *Ernestine ou o nascimento do amor*, Stendhal
114. *Odisseia*, Homero
115. *O estranho caso do Dr. Jekyll e Mr. Hyde*, Stevenson
116. *Sobre a ética — Parerga e paralipomena (v. II, t. II)*, Schopenhauer
117. *Contos de amor, de loucura e de morte*, Horacio Quiroga
118. *A arte da guerra*, Maquiavel
119. *Elogio da loucura*, Erasmo de Rotterdam
120. *Oliver Twist*, Charles Dickens
121. *O ladrão honesto e outros contos*, Dostoiévski
122. *Sobre a utilidade e a desvantagem da histório para a vida*, Nietzsche
123. *Édipo Rei*, Sófocles
124. *Fedro*, Platão
125. *A conjuração de Catilina*, Salústio
126. *Escritos sobre literatura*, Sigmund Freud
127. *O destino do erudito*, Fichte
128. *Diários de Adão e Eva*, Mark Twain
129. *Diário de um escritor (1873)*, Dostoiévski
130. *Perversão: a forma erótica do ódio*, Stoller
131. *Explosao: romance da etnologia*, Hubert Fichte

COLEÇÃO «METABIBLIOTECA»

1. *O desertor*, Silva Alvarenga
2. *Tratado descritivo do Brasil em 1587*, Gabriel Soares de Sousa
3. *Teatro de êxtase*, Pessoa
4. *Oração aos moços*, Rui Barbosa
5. *A pele do lobo e outras peças*, Artur Azevedo
6. *Tratados da terra e gente de Brasil*, Fernão Cardim
7. *O Ateneu*, Raul Pompeia
8. *História da província Santa Cruz*, Gandavo
9. *Cartas a favor da escravidão*, Alencar
10. *Pai contra mãe e outros contos*, Machado de Assis
11. *Crime*, Luiz Gama
12. *Direito*, Luiz Gama
13. *Democracia*, Luiz Gama
14. *Liberdade*, Luiz Gama
15. *A escrava*, Maria Firmina dos Reis
16. *Contos e novelas*, Júlia Lopes de Almeida
17. *Transposição*, Orides Fontela
18. *Iracema*, Alencar
19. *Auto da barca do Inferno*, Gil Vicente
20. *Poemas completos de Alberto Caeiro*, Pessoa
21. *A cidade e as serras*, Eça
22. *Mensagem*, Pessoa
23. *Utopia Brasil*, Darcy Ribeiro
24. *Bom Crioulo*, Adolfo Caminha
25. *Índice das coisas mais notáveis*, Vieira
26. *A carteira de meu tio*, Macedo
27. *Elixir do pajé — poemas de humor, sátira e escatologia*, Bernardo Guimarães
28. *Eu*, Augusto dos Anjos
29. *Farsa de Inês Pereira*, Gil Vicente
30. *O cortiço*, Aluísio Azevedo
31. *O que eu vi, o que nós veremos*, Santos-Dumont

Adverte-se aos curiosos que se imprimiu este livro na gráfica Meta Brasil, na data de 30 de outubro de 2023, em papel pólen soft, composto em tipologia Minion Pro e Formular, com diversos sofwares livres, dentre eles LuaLATEXe git.

(v. dea2ef3)